实账实战演练系列 SHIZHANG SHIZHAN YANLIAN XILIE

根据财政部最新制定的《企业会计准则》编写

安斯

实账实战演练：跟我学做会计

么秀杰◎等编著

化学工业出版社

·北京·

《实账实战演练：跟我学做会计》用“图表+ 实账+ 演练”的形式，通过图解实账向会计新手演练各项会计业务的具体处理，本书既可以指导会计新手快速入门，也可帮助企业管理者和有志创业的人士掌握会计基础知识，是提高管理水平的必备参考书。

《实账实战演练：跟我学做会计》前两章分别讲解了会计实操前的基础知识和会计实务的操作方法，通过生动的语言和丰富的插图进行表述；第 3 章至第 9 章通过会计实操的演练，把企业整个会计管理事项展现出来，有理有据，清晰明了。 全书共分为 9 章，包括会计凭证的填制与审核、会计账簿的设置与登记、经济业务核算及凭证编制、期末调账、对账、结账、财务报表的编制与稽核、账务处理程序、财会业务稽核与年报公示等内容，便于会计人员轻松掌握会计操作技能，快速胜任岗位工作。

《实账实战演练：跟我学做会计》适合会计新手、在职会计人员、企业经营管理者、企业培训及咨询人员、高校财务管理专业师生阅读和使用。

图书在版编目（CIP）数据

实账实战演练：跟我学做会计/么秀杰等编著．—北京：化学工业出版社，2017.5（2018.4 重印）
ISBN 978-7-122-29205-6

Ⅰ.①实…　Ⅱ.①么…　Ⅲ.①会计学　Ⅳ.①F23②F230

中国版本图书馆 CIP 数据核字（2017）第 042904 号

责任编辑：王淑燕　　装帧设计：史利平
责任校对：吴　静

出版发行：化学工业出版社（北京市东城区青年湖南街 13 号　邮政编码 100011）
印　　刷：北京京华铭诚工贸有限公司
装　　订：北京瑞隆泰达装订有限公司
787mm×1092mm　1/16　印张 13½　字数 324 千字　2018 年 4 月北京第 1 版第 2 次印刷

购书咨询：010-64518888(传真：010-64519686)　售后服务：010-64518899
网　　址：http://www.cip.com.cn
凡购买本书，如有缺损质量问题，本社销售中心负责调换。

定　　价：49.80 元

前言
Preface

“实账实战演练系列”图书，每本书都围绕着一个财会岗位或财务工作事项，设计该岗位或工作事项实操时应具备的**专业知识**、**实操规范**与**实账演练**，通过知识准备、实操规范、实账演练等模块，向企业财务会计部门的会计、出纳等岗位人员提供了一整套集**专业知识**、**操作规范与实账演练**于一体的实务用书。

《实账实战演练：跟我学做会计》是“实账实战演练系列”图书中一本既可以指导新手会计人员快速入门，又可帮助企业管理者和有志创业的人士掌握会计基础知识，提高管理水平的必备的**操作示范工具书**。

本书从第一次当会计人员实操前的**岗位**、**专业知识**入手，以《中华人民共和国会计法》、财政部颁发的最新的《企业会计准则》为依据，运用**图表**、**实账**、**演练**，以“**实用**、**易学**、**易懂**”为原则，将会计知识**由浅入深**、**循序渐进**地展现，旨在帮助会计从业人员能**快速胜任**会计岗位，**快速掌握**岗位工作方法与操作技能。

本书具有以下四大特点。

(1)依据最新法律规定编写

本书严格按照财政部最新的《企业会计准则》的要求编写，采用了最新的会计业务处理方法，充分反映了会计理论与会计实务改革发展的新成果。在本书的最后一章介绍了“企业年报公示制度”，根据我国工商总局的通知要求，自 2014 年 3 月 1 日起正式停止企业年检工作，改为企业年报公示。

(2)为 7 项业务进行实操演练

本书按照填制与审核凭证、设置与登记账簿、经济业务核算、结账、稽核等会计业务过程，详细介绍了会计业务处理的基本流程与操作要领，并配以会计账务处理操作演练，以指导新手会计迅速胜任岗位工作。

(3)本书参考性高、操作性强

本书按照企业实际经济业务的流程进行编排，结构清晰，内容丰富，涵盖了会计工作的各个方面。书中前两章系统地介绍了会计的基础知识和掌握处理方法，从第 3 章开始，清晰完整地展现了会计日常业务处理的全过程，便于读者迅速完成从理论到实战的转化。

(4)为新手提供自我培训用书

本书对企业会计业务进行实操演练，为会计岗位的新手人员提供详细的操作规范和实账演练示范，基本上可以满足会计岗位新上任人员的培训需求。因此，本书也可以作为企业为财务会计类岗位从业人员实施业务操作培训的指导用书。

在本书编写的过程中，孙立宏、刘井学、程富建、孙宗坤负责资料的收集和整理，贾月、董连香负责图表编排，王兰会、程淑丽编写了本书的第 1 章，宋君丽、宋丽娜编写了本书的第 2 章，王淑敏编写了本书的第 3 章，王德敏编写了本书的第 4 章，孟庆华、李金山编写了本书的第 5 章，么秀杰、张心编写了本书的第 6 章，刘姝媛编写了本书的第 7 章，孟明霞、高玉卓编写了本书的第 8 章，刘丹梦编写了本书的第 9 章，全书由么秀杰统撰定稿。

编著者

2017 年 4 月

目录
Contents

Chapter 01

第 1 章

做会计实操前的岗位知识准备

1.1 会计工作组织

会计是以货币为主要的计量单位，运用专门的方法，全面、连续、综合、系统地核算和监督企事业、机关单位或其他经济组织的生产经营过程的经济活动，并向有关方面提供会计信息。

会计工作组织包括会计机构的设置、会计人员的配备以及会计规范的制定与执行等。为了提高会计工作的质量和效率，规范企业会计实务，确保经营的有效运行，会计工作组织应该遵守国家和行业对会计工作的统一规范和指导，并适应本单位的业务和经营管理特点。

1.1.1 会计机构

企业一般都需要设置从事会计工作的职能部门，建立和健全会计机构是保证会计工作正常进行、充分发挥会计管理作用的重要条件。

（1）部门设置

在实际工作中，通常把处理财务与会计工作的机构合并为一个部门，其名称视企业、事业等单位组织机构的性质或规模的大小而定，如财务部、会计部等。

下面以财务部为例，说明财务部的主要职责，具体如图 1-1 所示。

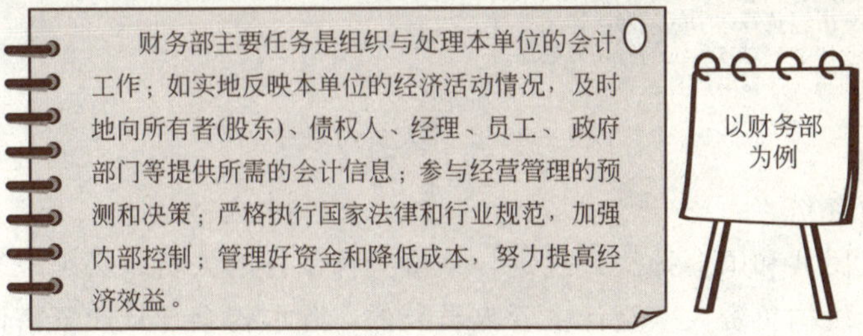

图 1-1 财务部职责

（2）岗位设置

在会计部，一般需要按照会计工作内容的繁简和会计人员配备的多少，进行合理的分工和岗位设置，并建立会计岗位责任制。每一项会计工作都由专人负责。会计人员之间既相互协作，又相互监督，以提高工作效率，确保工作任务按质、按量、按期地完成。

会计人员的工作岗位一般分为会计主管、出纳、货币资金核算、往来结算业务的核算、存货核算、工资核算、固定资产核算、成本核算、销售收入核算、总分类账核算、稽核以及综合分析等。对每个工作岗位上会计人员所担负的职责，均需作出详细的规定。

1.1.2 会计人员

企业的会计机构应当根据实际需要配备一定数量的会计人员，执行各项会计工作。会计人员在工作中应当遵守职业道德，树立严谨的工作作风，坚持职业操守，努力提高工作效率和工作质量。

（1）会计人员职责

会计人员的职责主要包括图 1-2 所示的三个方面。

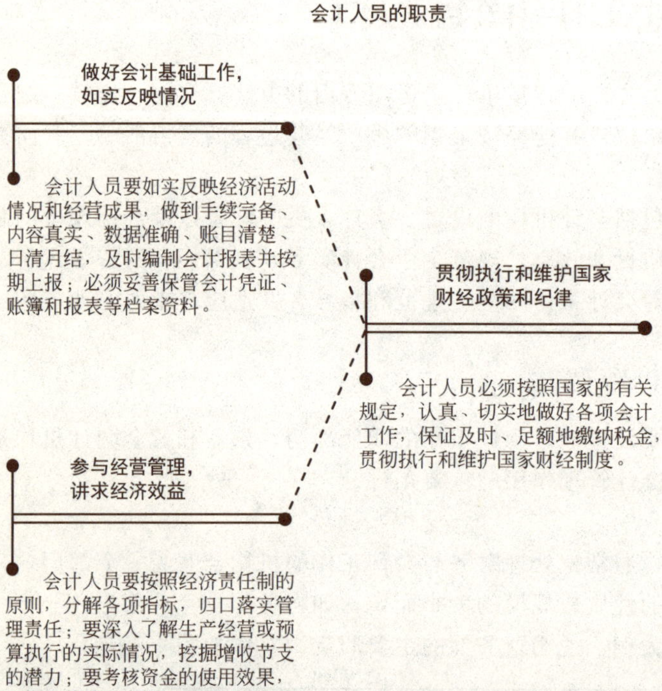

图 1-2 会计人员的职责

（2）会计人员资格

根据《中华人民共和国会计法》规定，从事会计工作的人员，必须取得会计从业资格证书。担任单位会计机构负责人（会计主管人员）的，除取得会计从业资格证书外，还应当具备会计师以上专业技术职务资格或具备从事会计工作 3 年以上经历。

1.1.3 会计规范

会计规范由指导、约束会计工作的专门的法律、规则和制度等构成，包括会计法、会计准则和会计制度等。

（1）会计法

《中华人民共和国会计法》（以下简称《会计法》）是从事会计工作、办理会计事务的法律规范，是据以拟定各项会计法规、准则、制度的基本法。《会计法》规定了会计工作的内容、方法、程序，会计年度，会计记账的货币单位以及会计档案的管理。《会计法》还规定了会计机构、会计人员负有监督责任，要求通过会计工作对本单位经济活动的合理性、合法性、有效性实行会计监督。

（2）会计准则

会计准则是规范会计确认、计量和报告行为的标准。2006 年财政部颁布了最新的《企业会计准则》，新会计准则体系包括 1 个基本准则、38 个具体准则、32 个应用指南和 2 个解释性公告。

（3）会计制度

会计制度是进行会计工作所应遵循或自行的规定、方法和程序的总称。国家统一的会计制度，由国务院所属财政部制定；各省、自治区、直辖市以及国务院业务主管部门，在与《会计法》和国家统一会计制度不相抵触的前提下，可以制定本地区、本部门的会计制度或者补充规定。各企业应该根据这些会计规范，结合行业特点和本企业的具体情况，制定本企业的会计制度。

1.2 会计工作内容

1.2.1 建账

建账的四大步骤包括设置会计科目、购置会计凭证、建立会计账户以及设置会计账簿，具体说明如图 1-3 所示。

1.2.2 记账

企业会计人员的记账工作主要包括填制凭证和登记账簿两方面，具体说明如图 1-4 所示。

1.2.3 稽核

稽核是稽查和复核的简称，内部稽核制度是企业内部控制制度的重要组成部分，因此，各单位应该建立、健全内部稽核制度。

稽核工作对主管稽核的会计人员的要求很高，要求其具备企业管理、财务、投资、法律等综合知识，对企业的生产经营活动有深刻了解，通晓企业运营管理和财务管理，精通企业内部控制制度和相关业务流程，有较强的领导、沟通、协调能力以及强烈的责任心。

1.2.4 调账

企业期末账项调整的目的是按照“应予以归属”这一标准，合理地反映会计期间应得的收入和应负担的费用，使各期的收入和费用能在相关的基础上进行配比，从而比较正确地计

设置会计科目

会计人员在设置会计科目时，应按照《企业会计准则》的具体要求进行，并满足企业内部管理和外部信息的需要。小企业会计人员在设置会计科目时，应参照《小企业会计准则》设置。

购置会计凭证

建账初始，会计人员必须购置记账凭证。如果企业现金收付业务较多，可以选择购买收款凭证、付款凭证、转账凭证；如果企业收付业务量较少，可以购买通用型记账凭证、记账凭证封面、记账凭证汇总表、记账凭证装订线和装订工具等。

建立会计账户

会计账户是按照会计科目在账簿中对各项经济业务进行连续、系统记录的账页，具有一定的结构和格式，可以用来对各项经济业务进行分类，记录，提供核算指标的具体数据资料。

设置会计账簿

在设置会计账簿时，会计人员应该根据企业生产经营情况与管理需求设置会计账簿，避免重复设账、记账；应遵守我国会计相关法律、法规的规定；设置的会计账簿应与企业的业务量呈正比，且能清楚地反映账户对应关系。

图 1-3　建账步骤

填制凭证

填制会计凭证就是将发生的经济业务在已经设置的会计凭证中进行登记。填制会计凭证，可以保证会计分录完整、真实和可靠，并明确各经办人的经济责任；还可通过对会计凭证的审核，审查企业各项经济活动是否合理、合法，从而保证企业会计核算的质量。

登记账簿

登记账簿是以会计凭证为依据，在账簿上连续、系统、分门别类且完整地记录经济业务的方法。由于会计凭证对经济业务的记录是分散的，且每张记账凭证只反映一项经济业务。因此，为得到系统化的核算资料，必须对分散在会计凭证上的资料进行账簿登记和结算。

图 1-4　会计人员记账工作内容

算出各期的盈亏。

企业需要调整的账项，应视企业规模的大小及经济业务发生的多少而定，通常需要调整的事项包括：预收收入的分配、应计收入的记录、预付费用的摊销和应计费用的记录四项。

1.2.5 结账

企业会计人员的结账程序一般包括对账、财产清查、结账三步，具体说明如图 1-5 所示。

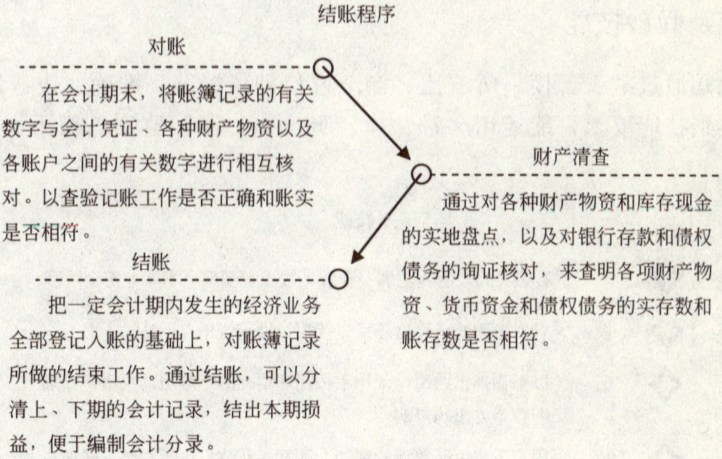

图 1-5 结账的程序

1.2.6 编表

财务报表是对企业财务状况、经营成果和现金流量的结构性表述。财务报表至少应当包括资产负债表、利润表、现金流量表、所有者权益变动表和附注。

编制财务报表是将会计账簿中登记的经济业务按指定的方法进行分类、汇总，形成报表和文字报告，总括地反映企业的财务状况、经营成果和现金流量。为报表信息使用者提供上述信息，既有利于企业内部实施生产经营管理的改善，也有利于良好企业形象的建立，为投资者提供投资的决策依据。

1.2.7 报税

企业会计人员必须根据企业适用税种、税率标准和所在地规定，在申报期限内，到主管税务机关办理企业纳税申报或者报送代扣代缴、代收代缴税款。

1.2.8 年报

年报即企业年度报告公示。根据我国工商总局通知要求，自 2014 年 3 月 1 日起正式停止企业年度检验工作。同时，根据《注册资本登记制度改革方案》规定，将企业年度检验制度改为企业年度报告公示制度。企业年度报告的主要内容包括：公司股东（发起人）缴纳出资情况、资产状况等，企业对年度报告的真实性、合法性负责。

1.3 会计专业技能

1.3.1 点钞技能

点钞是运用手持式或点钞机进行准确、快速清点钞券的一门技术。点钞技能要求，能掌握运用点钞机点钞、验钞的技能，能熟练运用手持式点钞法，掌握单指单张点钞、多指多张点钞、扇面式点钞等点钞技能和方法。

1.3.2 鉴别假钞技能

假钞鉴别就是通过“看、摸、听、比、测”或借助仪器等，准确、快速地识别假钞的一门技术。假钞鉴别技能要求，能运用“看、摸、听、比、测”鉴别真假币。其要求如图 1-6 所示。

鉴别假钞技能

- 看：看票面的眼色、轮廓、花纹、线条、图案、水印、安全线等
- 摸：针对票面光滑程度等反复抚摸，发现假币
- 听：以手指弹击票币，或用手指捏住票面的一端甩动票币，仔细听票币发出的声响
- 比：用真币和可疑票币的局部、图案、花纹、进行对比，仔细观察，还可以从纸质、墨色、印刷技术方面进行对比
- 测：就是用尺衡量钞票规格尺寸

图 1-6 假钞鉴别技能

1.3.3 会计实务技能

会计实务技能是会计从业技能体系中的核心技能。会计实务就是准确运用会计准则和会计制度进行记账、算账、用账、报账的一门技术。其要求是，能正确、及时地进行原始凭证填制与审核，记账凭证填制与审核，登记账簿，编制会计报表，凭证汇总装订，活页账簿整理、装订，其他会计档案整理、归档等。

1.3.4 小键盘录入技能

小键盘录入技术是指运用小键盘，按照熟练的指法进行电脑数字录入以及账表算、传票算的一门技术。

小键盘录入技能要求是，掌握正确的小键盘数字录入指法和传票翻打方法，能根据传票快速、准确地录入汉字。

1.3.5 会计软件应用技能

会计软件应用技能是使用计算机及相关外部设备和一种会计软件处理会计工作基本业务

的方法和技能。会计软件应用技能要求，能独立熟练地应用会计软件完成会计建账及日常会计核算业务工作。

目前，会计软件应用技能的要求和鉴定标准，已由人力资源与社会保障部指定《会计软件应用技能培训和鉴定标准》，进行会计电算化员（操作员级）、会计电算化师（操作师级）两个级别的职业资格鉴定。

1.4 会计职业等级

1.4.1 初级资格

会计职业等级初级资格包括会计从业资格和助理会计师两个级别。

（1）会计从业资格

凡是取得会计从业资格证书的人员才具备会计从业资格，才能从事会计工作。会计从业资格证书全国通用。但在管理上是为属地管理，因此需要办理调转。

会计从业资格考试从 2013 年 7 月 1 日起，实行无纸化考试。必须同时通过《初级会计电算化》、《财经法规与会计职业道德》和《会计基础》三科考试才能获得会计从业资格证，同时没有任何免考政策。

（2）助理会计师

助理会计师是会计中的初级职称。担任助理会计师的基本条件如图 1-7 所示。

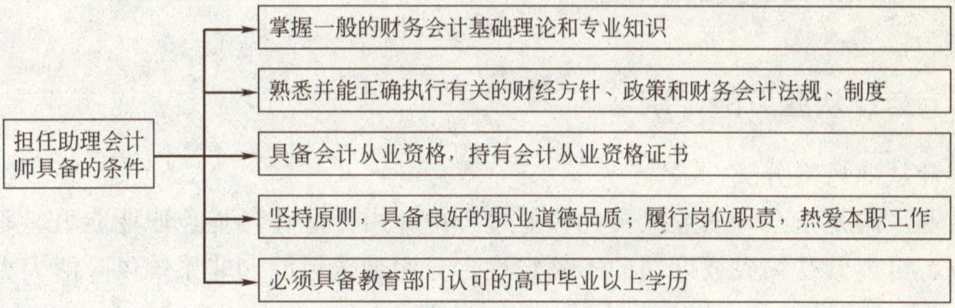

图 1-7 担任助理会计师需要具备的条件

只有同时具备上述五项基本条件，才能参加会计专业技术初级资格考试。该考试设经济法基础、初级会计实务两个科目，且在一个考试年度内通过方可取得证书。

1.4.2 中级资格

会计专业技术职称中级资格为中级会计师。要取得会计专业技术职称中级资格需要获得中级会计师资格证书。获取中级会计师资格证书，必须在连续的两个考试年度内通过《财务管理》《经济法》《中级会计实务》全部 3 个科目的考试。

报考中级会计师资格证书考试除了需要具备会计从业资格，持有会计从业资格证书，还必须具备下列条件之一。

① 大学专科学历，从事会计工作满五年。

② 取得大学本科学历，从事会计工作满四年。

③ 取得双学士学位或研究生班毕业，从事会计工作满二年。

④ 取得硕士学位，从事会计工作满一年。

⑤ 取得博士学位。

从事会计工作年限，应从会计从业资格证书注册之日起，至报名年度止，但全日制在校学习时间不能作为会计工作年限。

1.4.3 高级资格

会计专业技术职称高级资格为高级会计师。要取得会计专业技术职称高级资格需要获得高级会计师资格证书。

高级会计师的任职条件，除必须拥护中国共产党的领导，热爱祖国，遵守和执行《中华人民共和国会计法》外，还要具备下列四项基本条件：

① 较系统地掌握经济、财务会计理论和相关专业知识；

② 具有较高的政策水平和丰富的财务会计工作经验，能担负一个地区、一个部门或一个系统的财务会计管理工作；

③ 取得博士学位并担任会计师职务 2～3 年，或取得硕士学位、第二学士学位或研究生班结业证书，或大学本科毕业并担任会计师职务 5 年以上；

④ 较熟练地掌握一门外语。

1.5 会计风险规避

1.5.1 会计从业风险说明

（1）会计从业风险分类

会计从业风险是指会计从业人员在执业过程中，由于职业环境、职业能力、职业道德等因素的影响，可能蒙受损失或惩罚的不确定性。分为系统风险和非系统风险两大类。具体如表 1-1 所示。

表 1-1　会计从业风险

类型	解释	细分	解释	具体表现
系统风险	影响所有会计从业人员的因素引起的风险	特有风险	会计理论和技术发展本身的局限性因素形成的风险	如会计理论、会计准则、会计制度滞后于经济发展导致会计判断失误和信息失真
		环境风险	会计执业环境因素形成的风险	如会计执业独立性，受到企业体制、文化背景等因素影响，导致的会计舞弊
非系统风险	会计人员自身特定因素引起的风险	技术风险	业务处理上的操作失误和理解偏差而产生的风险	一般为非故意的判断失误和信息失真
		道德风险	会计人员自身职业道德因素引起的风险	会计人员出于某种目的，故意判断失误、偷税漏税、会计舞弊、出具不真实的财务报表等

（2）会计从业风险责任

会计人员承担从业风险责任的严重性是不同的，主要包括表 1-2 所示内容。

表 1-2 会计从业风险责任

风险		说明
道德危机和就业压力		◆ 相关会计人员自身信誉下降，必然导致道德危机和就业压力
行政责任	行政处罚	◆ 包括通报、责令限期改正、罚款、吊销会计从业资格证书等
	行政处分	◆ 包括警告、记过、记大过、降级、撤职、开除等
刑事责任		◆ 会计人员恶意违规，涉嫌经济犯罪，触犯刑法的将追究刑事责任 ◆ 追究刑事责任是最严厉的制裁 ◆ 包括主刑和附加刑。主刑分为管制、拘役、有期徒刑、无期徒刑和死刑。附加刑包括罚金、剥夺政治权利、没收财产、驱逐出境
经济赔偿		◆ 会计人员自身原因或违反企业内部规定，给企业带来损失，可能面临企业的索赔

1.5.2 会计从业风险规避

会计人员从业风险是客观存在的，且会随着市场经济的发展，会计环境的复杂化，风险也在逐步提高，这是由于会计人员、企业、社会各个方面的原因导致的，因此降低会计从业风险是一项长期而艰巨的任务。

针对企业和会计从业人员，规避会计从业风险主要有图 1-8 所示的四种方法。

1 提高企业电算化水平

◎ 会计电算化的应用，极大地降低了会计工作中人为疏漏的发生几率，也极大降低了会计监督管理的人力物力投入，企业提高会计工作中电算化的应用水平，可以极大地改善会计工作环境，规避会计从业风险

2 提高会计人员会计业务水平

◎ 会计人员应积极参加业务知识培训和继续教育，熟悉相关的会计法律法规，努力提高业务水平。如此可以极大地规避会计从业风险

3 提高会计人员职业道德水平

◎ 面对纷繁复杂的社会环境，会计从业人员要树立正确的世界观、人生观、价值观，以良好的道德节操抵御不正之风，从而为自身、为国家、为社会、为企业规避会计从业风险

4 会计人员认真学习法律法规

◎ 在会计从业风险的责任追究上，为防止一些部门领导出了问题要会计人员“背黑锅”的现象，抵制上级不合理要求的会计人员可以受到法律保护，会计人员要加强相关政策法规学习，适时拿起法律武器，规避会计从业风险

图 1-8 企业和会计从业人员规避会计从业风险的方法

Chapter 02

第 2 章

做会计实操前的专业知识准备

2.1 会计目标与职能

2.1.1 会计目标

会计目标即会计系统运作的基本导向与预期结果。一般而言，企业的会计目标可以总结

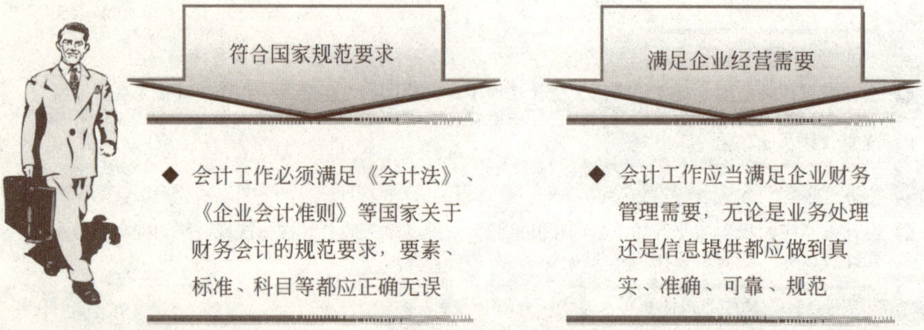

图 2-1 会计目标

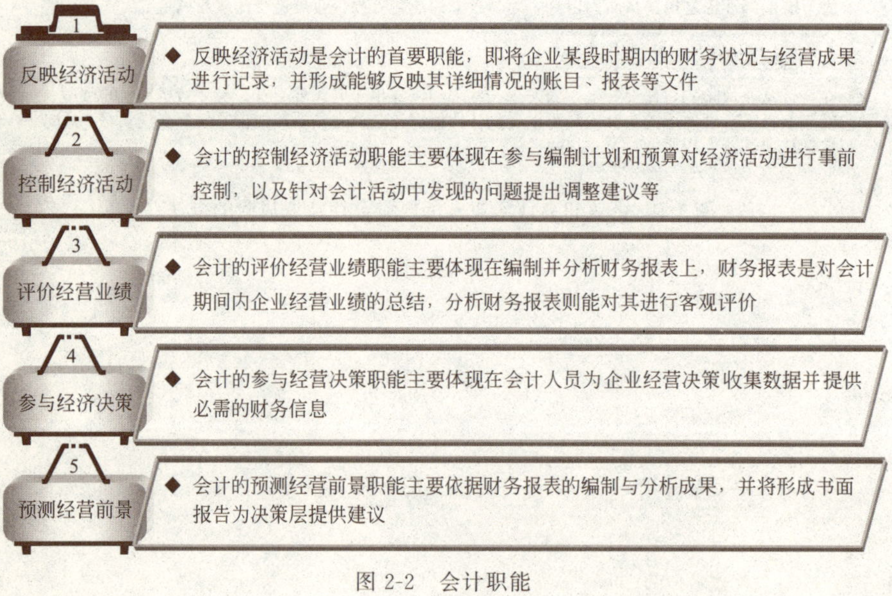

图 2-2 会计职能

为图 2-1 所示的两个方面。

2.1.2 会计职能

会计职能即体现会计本质的各项功能，是会计目标的客观依据，也是会计信息使用者的主观要求。下面将会计职能划分为图 2-2 所示的五个方面。

2.2 会计要素与等式

2.2.1 会计要素

会计要素是对会计对象按照其经济性质所进行的基本分类，从而能够从整体上对抽象的会计对象进行描述。我国《企业会计准则》将会计要素定义为六个，即资产、负债、所有者权益、收入、费用、利润，具体如图 2-3 所示。

要素	说明
1 资产	◆ 资产是指由过去的交易、事项形成的，企业拥有或控制的，能以货币进行计量并能为企业带来未来经济利益的经济资源
2 负债	◆ 负债是指由过去的交易、事项形成的，能以货币计量的，企业需承担并会导致经济利益减少的经济责任
3 所有者权益	◆ 所有者权益是企业所有者对企业净资产的所有权，等于企业资产扣除负债后的剩余权益
4 收入	◆ 收入是指企业在经营过程中所实现的经济利益的总流入，包括营业收入和营业外收入
5 费用	◆ 费用是指企业在经营过程中，为实现收入而形成的与利润分配无关的经济利益的总流出
6 利润	◆ 利润是指企业一定期间的经营成果，包括营业利润、投资净收益和营业外收支净额

图 2-3 会计要素

（1）资产

资产具有图 2-4 所示的三方面特征。

按照资产的流动性，通常可分为流动资产和非流动资产。流动资产通常包括库存现金、银行存款、应收票据、应收账款、存货等；非流动资产包括长期股权投资、固定资产、无形资产等。具体说明如表 2-1 所示。

（2）负债

负债具有图 2-5 所示的两方面特征。

负债按其流动性划分，可分为流动负债和长期负债。流动负债是指偿还期在一年或一个营业周期以内，预期需动用流动资产或以新的流动负债偿还的债务，通常包括短期借款、应付票据、应付账款、应付职工薪酬、应交税费等。长期负债是指偿还期在一年或一个营业周期以上的各种债务，通常包括长期借款、应付债券等。其具体说明如表 2-2 所示。

资产的特征

1. 资产是由企业过去的交易或者事项形成的

   这里的交易或者事项包括购买、生产、建造等活动，但不能根据预计将要发生的交易或者事项来确认资产

2. 资产是为企业所拥有的或控制的

   即企业享有某项资源的所有权；或企业虽然不享有某项资源的所有权，但该资源能被企业所控制，即企业具有对某项资源的实际控制支配权

3. 资产能够为企业带来经济效益

   如，货币资金可以用来购买商品、房屋等，原材料、机器设备可以用来制造产品，而商品可以通过出售变现

图 2-4　资产的特征

表 2-1　资产的分类

分类标准	分类		具体说明
按照流动性进行分类	流动资产	库存现金	◆指由出纳员保管的，包括纸币及硬币在内的货币资金。库存现金是流动性最强的流动资产，可随时用来购买所需的财产物资，偿还债务，支付各种费用
		银行存款	◆指企业存放在银行或其他金融机构，可以自由提取、使用的各种款项
		应收票据	◆指出票人或付款人须在某一特定日或某一特定期间，无条件支付一定金额给本企业的书面证明，如商业汇票等
		应收账款	◆指因销售商品或提供劳务而发生的对客户的货币请求权。其他原因所产生的应收款项，如应收各种赔款、应收各种罚款等，则可用其他应收款项目来表达
		存货	◆指企业在日常活动中持有以备出售的产成品或商品、处于生产过程中的在产品、在生产过程或提供劳务中耗用的材料和物料等
	非流动资产	长期股权投资	◆指企业为了达到控制某企业或者对某企业施加影响，以获得较大经济利益的目的，通过企业合并或其他方式而获取被投资单位的股份，并长期持有的投资行为
		固定资产	◆指企业为生产商品、提供劳务、出租或经营管理而持有的，使用寿命超过一个会计年度，且在使用过程中能够保持其原有实物形态的资产，包括房屋及建筑物、机器设备、运输设备等
		无形资产	◆指企业拥有或者控制的没有实物形态的可辨认非货币性资产，如专利权、商标权、土地使用权等

负债的特征

1. 负债是一种现时义务

   它是由于过去发生的交易或事项引起的、企业目前实际所承担的经济责任。如，企业接受了银行的借款后就形成了银行借款这项负债

2. 负债的清偿会导致企业经济利益的流出

   企业目前所承担的负债必须在将来某一个时日以转移资产或者提供劳务来偿付，也可以将债务转为所有者权益

图 2-5　负债的特征

表 2-2 负债的分类

分类标准	分类		具体说明
按照流动性进行分类	流动负债	短期借款	◆ 指企业为维持正常生产经营者后期所需而向银行或其他金融机构借入的偿还期限在 1 年以内(含 1 年)的各种借款
		应付票据	◆ 指企业因购买材料、商品或接受劳务而签发并承兑的，须于约定日期支付一定金额给持票人的书面证明
		应付账款	◆ 指因赊购材料、商品或接受劳务等经营活动而发生的，应支付给供给单位的款项
		应付职工薪酬	◆ 指企业根据有关规定应付给职工的各种薪酬
		应交税费	◆ 指企业在生产经营过程中按税法规定所计算出的应向国家缴纳的各种税费
	长期负债	长期借款	◆ 指企业向银行或其他金融机构借入的、偿还期在一年以上的各种借款
		应付债券	◆ 指企业为筹集长期资金而发行的、约定于某一特定日期还本付息的书面证明

(3) 所有者权益

所有者权益具体图 2-6 所示的两方面特征。

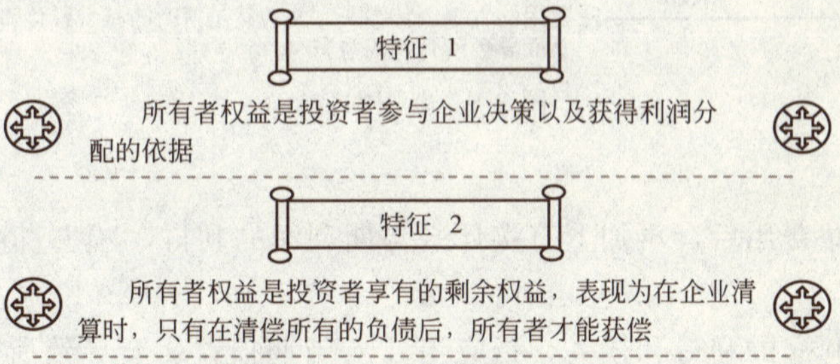

图 2-6 所有者权益的特征

就股份制企业而言，股东权益的来源通常包括投入资本、直接计入所有者权益的利得和损失、留存收益等。具体说明如表 2-3 所示。

表 2-3 股份制企业股东权益的来源说明

来源	说明
投入资本	◆ 指由投资者投入到企业，所有权归属于投资者的各种资产价值。其中，由投资者按照投资协议的约定投入的、其在企业注册资本或股本中所占份额的部分是实收资本；企业收到投资者超过其在注册资本或股本中所占份额的投入资本是资本溢价或股本溢价
直接计入所有者权益的利得和损失	◆ 指不应计入当期损益、会导致所有者权益发生增减变动、与所有者投入资本或者向所有者分配利润无关的利得或者损失，如资本公积
留存收益	◆ 指企业生产经营所获得的、留存在企业尚未以股利形式分配给股东的利润

(4) 收入

收入具有图 2-7 所示的两方面特征。

收入按其性质划分，可分为商品销售收入，如生产制造企业的产品销售收入；劳务收入，如运输业务收入；本企业资产提供他人使用而取得的资产使用费收入，如租金收入等。按照企业经营业务的主次，收入还可以分为主营业务收入和其他业务收入。

(5) 费用

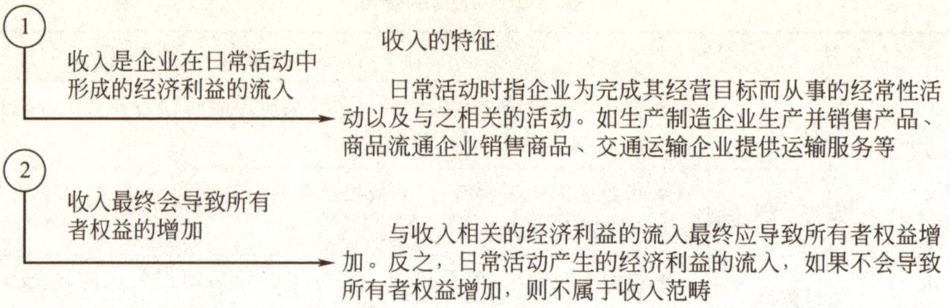

图 2-7　收入的特征

费用具有图 2-8 所示的两方面特征。

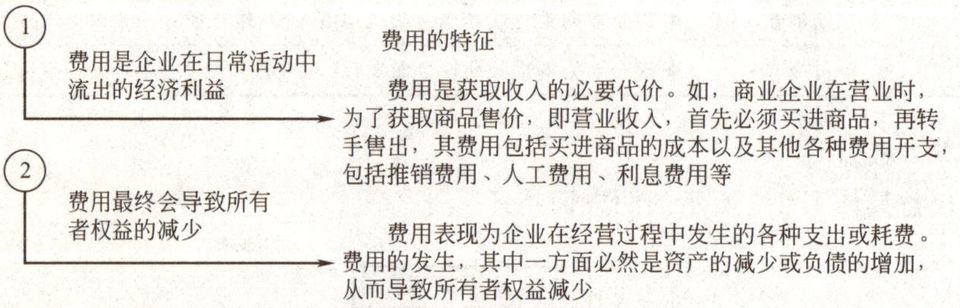

图 2-8　费用的特征

（6）利润

利润是收入扣减费用后，再加上直接计入当期利润的利得，减去直接计入当期利润的损失后的差额。

直接计入当期利润的利得和损失，指应当计入当期损益、会导致所有者权益增减变动、与所有者投入资本或者向所有者分配利润无关的利得和损失，如营业外收入和营业外支出。

在一个会计年度，如果不考虑利得和损失的话，若企业的收入超过费用，则表示企业实现利润；反之，则表示企业发生亏损。

2.2.2　会计等式

会计等式是反映上述会计要素之间数量关系的等式，具体分类说明如表 2-4 所示。

表 2-4　会计等式分类说明表

分类	说明	等式
静态会计等式	静态会计等式由静态会计要素（资产、负债、所有者权益）构成，反映企业在特定日期的财务状况	资产＝权益＝债权人权益＋所有者权益 ＝负债＋所有者权益
动态会计等式	动态会计等式由动态会计要素（收入、费用和利润）构成，反映企业在一定会计期间的经营成果	收入－费用＝利润（或亏损）
综合会计等式	综合会计等式是上述等式的结合，综合反映企业在某一时点上的财务状况和特定期间内的经营成果	资产＝负债＋所有者权益＋收入－费用 ＝负债＋所有者权益＋利润

2.2.3　会计科目

会计科目是对会计要素进行进一步分类所形成的核算科目，是会计核算与记账工作的基础。企业在使用会计科目时，应严格遵循国家统一会计制度的规定，也可根据实际需要，在不违背规定要求的前提下，自行增设、减少或合并某些会计项目。

如表 2-5 所示，对常用会计科目进行了详细说明。

表 2-5 常用会计科目一览表

总分类科目	明细分类科目					
	序号	编号	名称	序号	编号	名称
一、资产类	1	1001	库存现金	2	1002	银行存款
	3	1003	存放中央银行款项	4	1011	存放同业
	5	1012	其他货币资金	6	1021	结算备付金
	7	1031	存出保证金	8	1101	交易性金融资产
	9	1111	买入返售金融资产	10	1121	应收票据
	11	1122	应收账款	12	1123	预付账款
	13	1131	应收股利	14	1132	应收利息
	15	1201	应收代位追偿款	16	1211	应收分保账款
	17	1212	应收分保合同准备金	18	1221	其他应收款
	19	1231	坏账准备	20	1301	贴现资产
	21	1302	拆出资金	22	1303	贷款
	23	1304	贷款损失准备	24	1311	代理兑付证券
	25	1321	代理业务资产	26	1401	材料采购
	27	1402	在途物资	28	1403	原材料
	29	1404	材料成本差异	30	1405	库存商品
	31	1406	发出商品	32	1407	商品进销差价
	33	1408	委托加工物资	34	1411	周转材料
	35	1421	消耗性生物资产	36	1431	贵金属
	37	1441	抵债资产	38	1451	损余物资
	39	1461	融资租赁资产	40	1471	存货跌价准备
	41	1501	持有至到期投资	42	1502	持有至到期投资减值准备
	43	1503	可供出售金融资产	44	1511	长期股权投资
	45	1512	长期股权投资减值准备	46	1521	投资性房地产
	47	1531	长期应收款	48	1532	未实现融资收益
	49	1541	存出资本保证金	50	1601	固定资产

续表

总分类科目	明细分类科目					
	序号	编号	名称	序号	编号	名称
一、资产类	51	1602	累计折旧	52	1603	固定资产减值准备
	53	1604	在建工程	54	1605	工程物资
	55	1606	固定资产清理	56	1611	未担保余值
	57	1621	生产性生物资产	58	1622	生产性生物资产累计折旧
	59	1623	公益性生物资产	60	1631	油气资产
	61	1632	累计折耗	62	1701	无形资产
	63	1702	累计摊销	64	1703	无形资产减值准备
	65	1711	商誉	66	1801	长期待摊费用
	67	1811	递延所得税资产	68	1821	独立账户资产
	69	1901	待处理财产损益			
二、负债类	70	2001	短期借款	71	2002	存入保证金
	72	2003	拆入资金	73	2004	向中央银行借款
	74	2011	吸收存款	75	2012	同业存放
	76	2021	贴现负债	77	2101	交易性金融负债
	78	2111	卖出回购金融资产款	79	2201	应付票据
	80	2202	应付账款	81	2203	预收账款
	82	2211	应付职工薪酬	83	2221	应交税费
	84	2231	应付利息	85	2232	应付股利
	86	2241	其他应付款	87	2251	应付保单红利
	88	2261	应付分保账款	89	2311	代理买卖证券款
	90	2312	代理承销证券款	91	2313	代理兑付证券款
	92	2314	代理业务负债	93	2401	递延收益
	94	2501	长期借款	95	2502	应付债券
	96	2601	未到期责任准备金	97	2602	保险责任准备金
	98	2611	保户储金	99	2621	独立账户负债
	100	2701	长期应付款	101	2702	未确认融资费用
	102	2711	专项应付款	103	2801	预计负债
	104	2901	递延所得税负债			

续表

总分类科目	明细分类科目					
	序号	编号	名称	序号	编号	名称
三、共同类	105	3001	清算资金往来	106	3002	货币兑换
	107	3101	衍生工具	108	3201	套期工具
	109	3202	被套期项目			
四、所有者权益类	110	4001	实收资本	111	4002	资本公积
	112	4101	盈余公积	113	4102	一般风险准备
	114	4103	本年利润	115	4104	利润分配
	116	4201	库存股			
五、成本类	117	5001	生产成本	118	5101	制造费用
	119	5201	劳务成本	120	5301	研发支出
	121	5401	工程施工	122	5402	工程结算
	123	5403	机械作业			
六、损益类	124	6001	主营业务收入	125	6011	利息收入
	126	6021	手续费及佣金收入	127	6031	保费收入
	128	6041	租赁收入	129	6051	其他业务收入
	130	6061	汇兑损益	131	6101	公允价值变动损益
	132	6111	投资收益	133	6201	摊回保险责任准备金
	134	6202	摊回赔付支出	135	6203	摊回分保费用
	136	6301	营业外收入	137	6401	主营业务成本
	138	6402	其他业务支出	139	6403	税金及附加
	140	6411	利息支出	141	6421	手续费及佣金支出
	142	6501	提取未到期责任准备金	143	6502	提取保险责任准备金
	144	6511	赔付支出	145	6521	保户红利支出
	146	6531	退保金	147	6541	分出保费
	148	6542	分保费用	149	6601	销售费用
	150	6602	管理费用	151	6603	财务费用
	152	6604	勘探费用	153	6701	资产减值损失
	154	6711	营业外支出	155	6801	所得税费用
	156	6901	以前年度损益调整			

2.3 账户与复式记账

2.3.1 账户设置原则

账户是企业在会计科目设置的基础上，结合自身的实际情况，所设置的具有一定结构与格式的，能够指明记账反向并反映企业会计要素增减变动及结余情况的工具。

企业在设置账户时，应当遵循图 2-9 所示的原则。

简明	◆ 账户名称应当简单明了，通俗易懂
客观	◆ 账户设置应当从客观实际出发，结合会计对象的本质特点
适用	◆ 账户设置应与企业的业务特点相适应，能够满足企业的管理要求
清晰	◆ 账户所记载的事项应当清晰明确，不可含糊重复
统一	◆ 账户的设置应力求统一，从而方便前后期的对比
灵活	◆ 账户设置应当将灵活性与统一性结合起来，且应保持相对稳定性

图 2-9　账户设置原则

2.3.2 账户结构设计

设置账户需要特定的结构，一般应包括账户名称、记账日期、凭证号数、摘要和金额五个部分。账户通常划分为左右两方，左方为“借方”，右方为“贷方”，分别代表经济业务中的增加与减少。两方下通常有四个金额要素，即期初余额、本期增加额、本期减少额和期末余额，用以明确账户金额变动的详细情况。如下列举了四类账户的结构样式，供读者参考。

（1）资产类账户

资产类账户是反映企业资产增减变动与结存情况的账户，借方代表增加，贷方代表减少，且期初余额与期末余额均在借方，具体结构样式如图 2-10 所示。

借方　　　　账户名称　　　　贷方

期初余额	×××		
本期增加数	×××	本期减少数	×××
本期发生额	×××	本期发生额	×××
期末余额	×××		

图 2-10　资产类账户结构样式

（2）负债类账户

负债类账户是反映企业负债增减变动与结存情况的账户，其结构样式与资产类账户相反，借方代表减少，贷方代表增加，且期初余额与期末余额均在贷方。此外，所有者权益类账户结构与负债类账户结构相同，具体结构样式如图 2-11 所示。

借方	账户名称		贷方
		期初余额	×××
本期减少数	×××	本期增加数	×××
本期发生额	×××	本期发生额	×××
		期末余额	×××

图 2-11　负债类账户结构样式

（3）收入类账户

收入类账户属于损益类账户，是反映企业一定会计期间内所取得的各种收入的账户，借方代表减少，贷方代表增加，且没有期初余额与期末余额，具体结构样式如图 2-12 所示。

借方	账户名称		贷方
本期减少数或转销数	×××	本期增加数	×××
本期发生额	×××	本期发生额	×××

图 2-12　收入类账户结构样式

（4）费用类账户

费用类账户也属于损益类账户，是反映会计期间内发生的、应当计入当期损益的各种费用的账户，其结构样式与收入类账户相反，借方代表增加，贷方代表减少，同样没有期初余额与期末余额，具体结构样式如图 2-13 所示。

借方	账户名称		贷方
本期增加数	×××		
		本期减少数或转销数	×××
本期发生额	×××	本期发生额	×××

图 2-13　费用类账户结构样式

2.3.3 复式记账原理

复式记账原理是对每一项经济业务，用相等的金额在两个或两个以上的有关账户中进行相互联系的登记，从而系统地、全面地反映每项经济业务所造成的相关会计要素具体项目的增减变动情况。

简而言之，复式记账原理依据的是会计等式，就是各会计要素之间存在的相互影响与联系。从会计等式可以看出，某一项会计要素发生增减变化时，相关会计要素也会随之发生改变，而遵循复式记账原理便能有效维持会计等式双方的平衡关系，保证会计记账的正确性，同时全面系统反映经济业务的具体内容与结果。

2.3.4 借贷记账方法

借贷记账法是在复式记账原理的基础上，以“借”“贷”为记账符号，记录会计要素增减变化及其结果的一种记账方法。使用该种记账方法时，会计人员应遵循复式记账原理，在相关的两个或以上账户中进行正确记录。

此外，借贷记账法的应用还应重点掌握图 2-14 所示的两项要点。

记账符号

借贷记账法以“借”“贷”为记账符号，代表了记账方向，具体哪种记账符号代表增加，哪种记账符号代表减少，应视账户的性质及其结构而定

记账规则

使用借贷记账法应当遵守“有借必有贷，借贷必相等”的记账规则，即不能进行单方向记账，且借方金额与贷方金额必须相等

图 2-14　借贷记账法应用要点

2.3.5 会计分录编制

会计分录是会计人员在根据原始凭证编制记账凭证时，对每项经济业务按照借贷记账法的要求，明确“借”“贷”的账户名称及详细金额的一种记录。记账凭证是登记账簿的直接依据，因此会计分录的编制结果直接关系到相关账务的正确性。

（1）会计分录的构成要素

会计分录必须包含记账方向、账户名称、金额三项要素，如图 2-15 所示，为某一会计分录的示例，并对三项要素进行了相应说明。

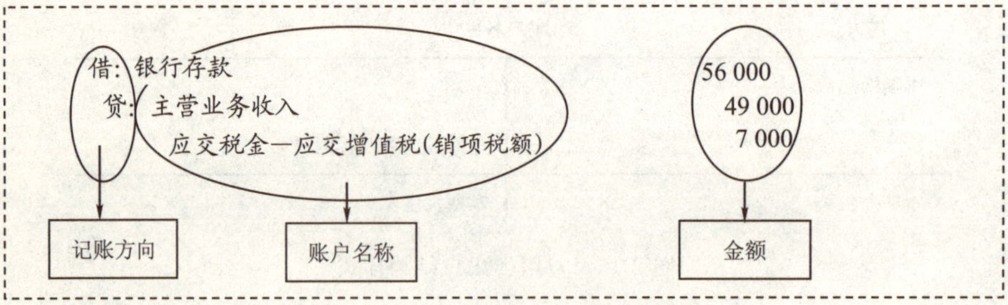

图 2-15　会计分录的构成要素

（2）会计分录的格式要求

会计分录的编制应当遵循一定的格式要求，具体说明如下。

① 先借后贷，借贷分行，且借在上方，贷在下方。

② 借与贷的文字和金额数字应当错开，贷方应比借方退后一格，表示借方在左，贷方在右。实际操作中，会计分录是填列在记账凭证中的，因此不需要进行错位。

③ 单一方的文字与金额数字应当对齐。

（3）会计分录的编制方法

会计人员在编制会计分录时，需要从原始凭证中，正确地整理出记账方向、账户名称与

金额，具体可选择图 2-16 所示的两种方法。

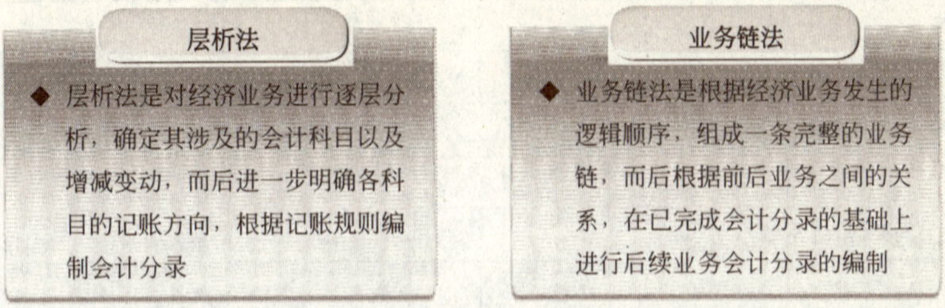

图 2-16　会计分录的编制方法

（4）会计分录的编制程序

会计人员编制会计分录可参照图 2-17 所示的编制程序。

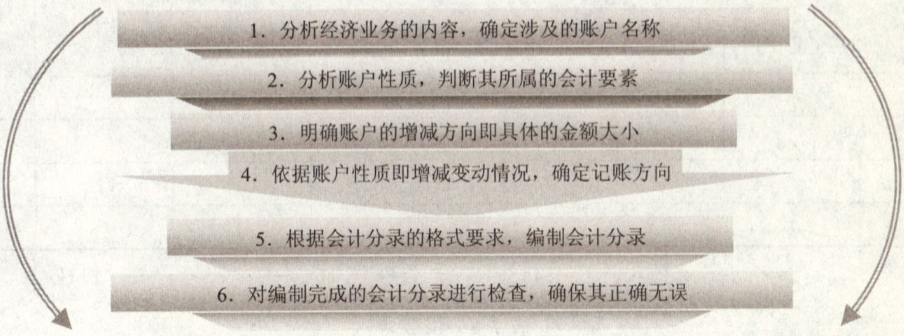

图 2-17　会计分录的编制程序

2.4 会计凭证与账簿

2.4.1 会计凭证

会计凭证是登记账簿的基础依据，是记录经济业务的发生与完成情况，并明确相关的经济责任的书面证明。会计凭证按照其填制程序和用途，可以分为原始凭证与记账凭证两大类。

（1）原始凭证

原始凭证是在经济业务发生或完成时取得或填制的，用以记录并证明经济业务发生与完成情况的会计凭证。原始凭证按照其来源不同可分为外来原始凭证和自制原始凭证。

① 外来原始凭证。即从外部企业、部门或个人取得的原始凭证，如采购发票、出差的车票等。外来原始凭证的一般格式如表 2-6 所示。

② 自制原始凭证。即企业内部经办人员根据经济业务自行填制的原始凭证，如产品完工入库时填制的入库单、用料部门向仓库领用材料时填制的领料单以及借款单等。其一般格式如表 2-7、表 2-8 所示。

自制原始凭证按其填制的手续和方法，可分为图 2-18 所示的三种。

表 2-6　××省货物销售统一发票

开票日期：　　　　　　　　　　　　　　　　　　　　　　　　编号：

购货方	名称		识别号或证件号		
	地址、电话		开户行及账号		
货物名称	规格	单位	数量	单价	金额
合计人民币（大写）					
销售方	开户银行		结算方式	备注	
	账号		联系电话		

开票人：　　　　　　　　收款人：　　　　　　　　开票单位（未盖章无效）

表 2-7　领料单

NO. 00010322

领料部门：　　　　　　　　年　月　日　　　　　　　　发料仓库：

材料类别	名称及规格	计量单位	数量		单位成本	金额	用途
			请领	实领			
合计							

仓库主管：　　　　　　发料人：　　　　　　领料部门负责人：　　　　　　领料人：

表 2-8　借款单

年　月　日

借款部门：		
借款事由：		
借款金额：人民币（大写）		￥：
借款人（签章）		
本部门负责人意见：	会计主管人员审批意见：	付款记录：

1 一次凭证

◆ 一次凭证是在经济业务发生或完成的同时，一次性填制完毕的原始凭证，如领料单（表 2-7）、借款单（表 2-8）等

2 累计凭证

◆ 累计凭证是在一段时期内，连续记录并反映经济业务累计结果的原始凭证，如限额领料单（表 2-9）等

3 汇总原始凭证

◆ 汇总原始凭证是将若干同类经济业务原始凭证汇总成的一张原始凭证，如收料凭证汇总表（表 2-10）等

图 2-18　自制原始凭证的分类

表 2-9　限额领料单

年　月　日　　　　NO. 0003322

领料部门：　　　　发料仓库：

材料编号：　　　　领用限额：

材料名称规格：　　　　计量单位：

日期	请领		实发			退货			限额结余
	数量	领料单位负责人签字	数量	发料人签字	领料人签字	数量	收料人签字	退料人签字	
合计									

表 2-10　收料凭证汇总表

年　月　日

材料来源 材料类别	材料采购	委托加工	自制完工	投资者投入	其他	合计	备注
原料及主要材料							
辅助材料							
外购半成品							
颜料							
……							
合计							

（2）记账凭证

记账凭证是根据审核无误的原始凭证编制而成的，作为登记账簿直接依据的会计凭证。其具体分类如表 2-11 所示。

表 2-11　记账凭证的分类

维度	分类	说明
凭证用途	专用记账凭证	◆ 是专门记录某一类经济业务的记账凭证，按其记录的经济业务性质可分为收款凭证（表 2-12）、付款凭证（表 2-13）和转账凭证（表 2-14）
	通用记账凭证	◆ 是使用统一格式记录各类经济业务的记账凭证
填列科目	复式记账凭证	◆ 又称多科目记账凭证，是填列某项经济业务涉及的全部会计科目，以反映该项经济业务全貌的记账凭证
	单式记账凭证	◆ 又称单科目记账凭证，是填列某项经济业务的一个会计科目的记账凭证，即每张记账凭证只填列一个会计科目
	汇总记账凭证	◆ 是将若干原始凭证按一定标准综合填制的记账凭证

表 2-12 收款凭证

借方科目： 年 月 日 收字第 号

摘要	贷方科目		金额										记账
	总账科目	明细科目	千	百	十	万	千	百	十	元	角	分	
合计													

会计主管： 记账： 出纳： 审核： 制单：

表 2-13 付款凭证

贷方科目： 年 月 日 付字第 号

摘要	贷方科目		金额										记账
	总账科目	明细科目	千	百	十	万	千	百	十	元	角	分	
合计													

会计主管： 记账： 出纳： 审核： 制单：

表 2-14 转账凭证

年 月 日 转字第 号

摘要	总账科目	明细科目	借方金额	贷方金额	记账
合计					

会计主管： 记账： 审核： 制单：

2.4.2 会计账簿

会计账簿是由一定格式且相互联系的账页组成，用以全面系统记录并反映企业经济业务的会计簿籍。会计账簿是会计信息的载体，是对会计凭证的整理与汇总，它不仅是会计报表编制的基础依据，同时也为企业的成果评估与经营决策提供重要的信息资料。

在实际工作中，企业可能用到的会计账簿有很多，常见的会计账簿种类如表 2-15 所示。

表 2-15 会计账簿的分类

维度	分类	说明
用途	序时账簿	◆ 又称日记账，是按经济业务发生的时间先后顺序进行逐日逐笔登记的账簿
	分类账簿	◆ 又称分类账，是依据会计要素明确账户类别后，按照账户进行分类登记的账簿
	备查账簿	◆ 又称辅助账簿，是对序时账簿和分类账簿未予登记或登记不详的经济业务进行备查或补充登记的账簿
账页格式	两栏式账簿	◆ 两栏式账簿即只有借方和贷方两个基本栏目的账簿
	三栏式账簿	◆ 即设有借方、贷方、余额三个基本栏目的账簿
	多栏式账簿	◆ 是将基本栏目按需要分设若干专栏的账簿
	数量金额式账簿	◆ 是借方、贷方、金额三个栏目内都分设数量、单价和金额三小栏，借以反映财产物资的实物数量和价值量的账簿
	横线登记式账簿	◆ 是在同一张账页的同一行，记录某项经济业务从发生到结束的相关内容的账簿
外表形式	订本式账簿	◆ 又称订本账，是在未启用前将编有顺序页码的若干账页装订成册的账簿
	活页式账簿	◆ 又称活页账，是用活页夹固定账页，从而可以随时添换账页的账簿
	卡片式账簿	◆ 又称卡片账，是用硬纸卡片作为账页，存放在专设卡片箱中的账簿
	磁性媒介质式账簿	◆ 磁性媒介质式账簿是依靠磁性媒介质存储在电脑中的账簿，是会计电算化所实现的新型账簿

2.5 会计报表的编制

会计报表指企业对反应在各种账簿中的会计事项的资料进行汇总整理而成一个完整的报告体系，用于反映其资产、负债和所有者权益情况及一定期间的经营成果和现金流量情况。

2.5.1 会计报表的种类

企业的会计报表按其服务的对象、报表的编制时间、编制的单位等，可分为不同的种类。具体说明如表 2-16 所示。

表 2-16 会计报表的种类

划分标准	具体分类	说明
按其服务对象进行划分	对外报送的会计报表	◆ 包括资产负债表、利润表、现金流量表、所有者权益变动表等 ◆ 这些报表可用于企业内部管理，但更偏向于现实和潜在的投资者、供应商、债权人、客户、政府机关、社会公众等外部使用者的信息要求 ◆ 这类报表一般有统一格式和编制要求
	对内报送的会计报表	◆ 这类报表是根据企业内部管理需要编制的，主要用于企业内部成本控制、定价决策、投资或筹资方案的选择等 ◆ 这类报表没有规定的格式和种类
按其编制时间进行划分	月度	◆ 月终编制的会计报表，只包括一些主要报表，如资产负债表、利润表等
	季度	◆ 是每一季度末编制的报表，种类比年报少一些
	年报	◆ 是年终编制的报表，它是全面反映企业财务状况、经营成果及其分配、现金流量等方面的报表
按其是否包含子公司的财务情况	合并报表	◆ 指反映母公司和其全部子公司形成的企业集团整体财务状况、经营成果和现金流量的财务报表
	单独报表	◆ 是不反映子公司财务情况的财务报表

2.5.2 报表的编制要求

为了充分发挥会计报表的作用，使会计报表阅读者能够清楚地了解企业的财务状况、经营业绩、现金流动情况，会计报表的编制应达到图 2-19 所示的五点要求。

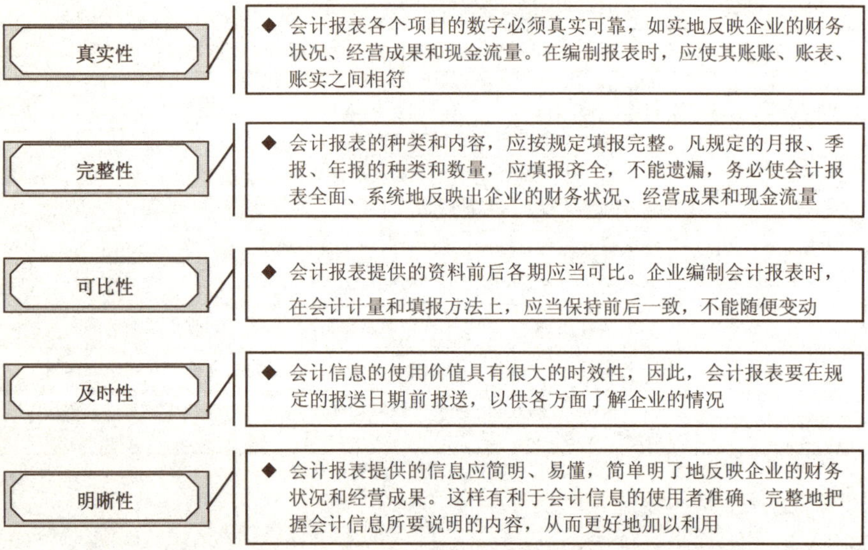

图 2-19 财务报表的编制要求

2.6 会计电算化实操

会计电算化是利用会计软件通过计算机设备代替传统会计手工作业，以实现现代信息技术在会计工作中的应用，从而有效提高会计工作效率和准确性的会计现代化工程。

2.6.1 计算机基础知识

企业若要实现会计电算化的应用，会计人员必须准确掌握如下所示的计算机基础知识，如此才能为会计电算化奠定良好基础。

（1）信息技术基本常识

实现会计电算化应当掌握的信息技术基本常识，主要包括图 2-20 所示的四个方面。

（2）计算机的基本操作

在掌握上述信息技术基本常识的基础上，会计人员还应熟悉掌握计算机的基本操作知识。由于会计电算化不再使用传统的手工作业，会计人员如果无法熟练操作计算机，会计电算化便无法得到真正落实。

一般而言，会计人员应当掌握的计算机基本操作包括图 2-21 所示的两个方面。

2.6.2 办公室常用设备

企业需为会计电算化配置齐全的硬件设施，一般而言，实行会计电算化所应配置的办公

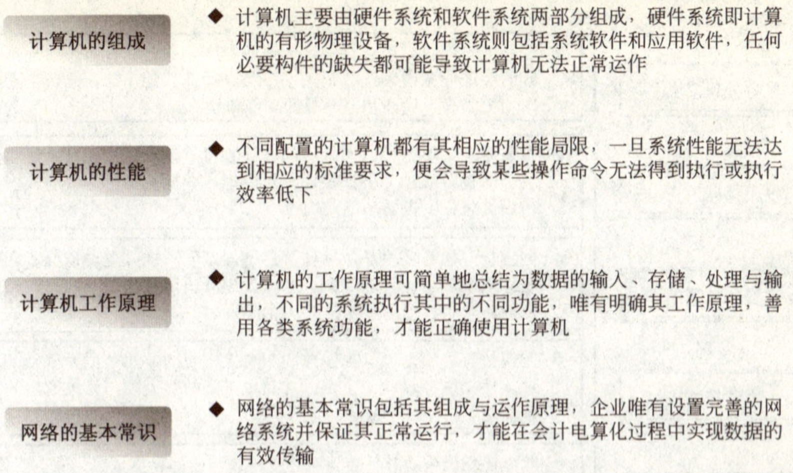

图 2-20 信息技术基本常识

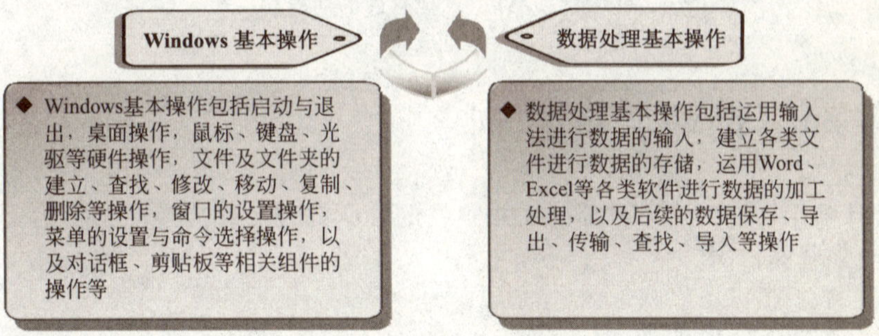

图 2-21 计算机的基本操作知识

室常用设备主要包括图 2-22 所示的三种。

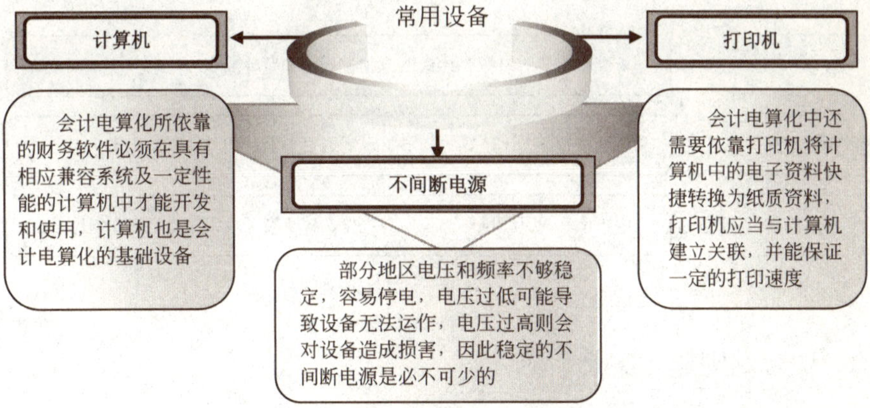

图 2-22 会计电算化的办公室常用设备

2.6.3 会计电算化软件

会计电算化软件是在上述知识与设备得以满足的基础上，帮助会计人员高效完成会计工作，从而实现会计电算化目标的计算机应用软件。目前会计电算化软件主要集中于会计核算系统。一般而言，会计核算系统下的会计电算化软件主要包括图 2-23 所示的五大功能模块。

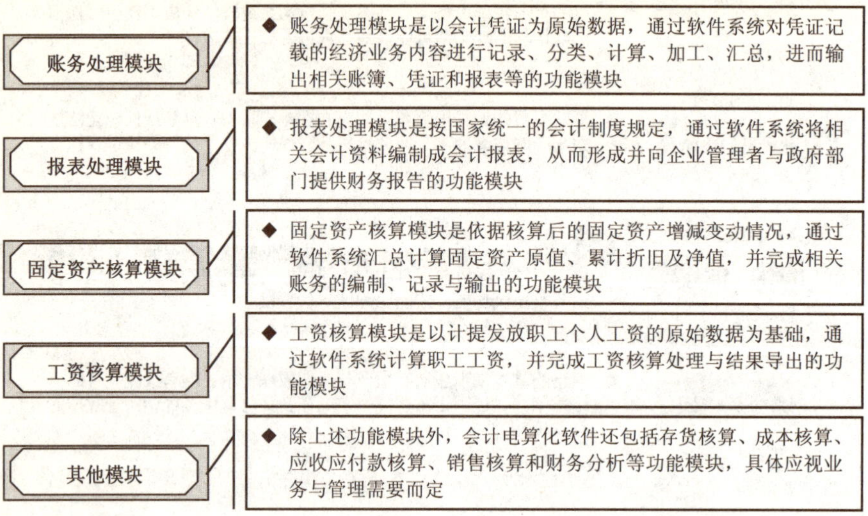

图 2-23　会计电算化软件的功能模块

2.7 现行企业会计准则

《企业会计准则》是国家财政部制定并颁发的，所有企业都应遵照执行的，会计人员从事会计工作的规则和指南。

2.7.1 现行会计准则架构

我国现行的《企业会计准则》包括基本准则、具体准则和应用指南三大部分，具体如图 2-24 所示。

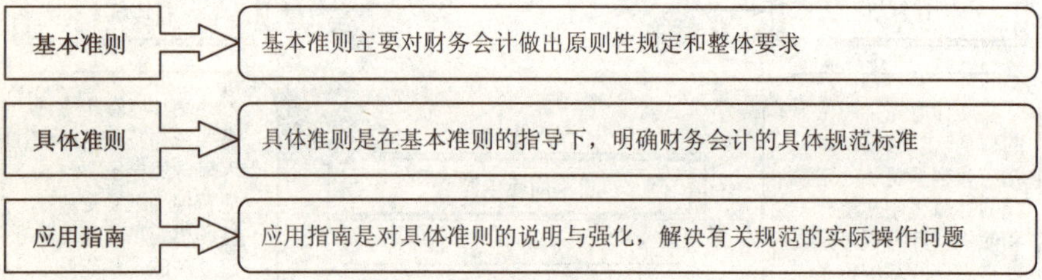

图 2-24　现行会计准则架构

2.7.2 现行准则颁布实施

我国现行的《企业会计准则》于 2006 年 2 月 15 日由财政部发布，自 2007 年 1 月 1 日起在上市公司施行，2008 年开始鼓励大中型企业执行，并每年根据实际情况进行微小调整，但本质内容上并没有较大变动。

2011 年 10 月 18 日，国家财政部颁布了《小企业会计准则》，自 2013 年 1 月 1 日起在小企业范围内施行，并鼓励小企业提前执行。《小企业会计准则》是在《企业会计准则》的基础上，兼顾小企业的自身特点所进行的改进。

2014 年 7 月 23 日，国家财政部又相继对《企业会计准则——基本准则》等进行了修订。

2.7.3 不同准则差异比较

（1）新旧会计准则差异比较

现行的会计准则是对以往会计准则的改进与发展，相比而言，其差异主要体现在表2-17所示的四个方面。

表 2-17 新旧会计准则差异说明

差异	说明
会计目标	◆ 新会计准则规定的会计目标相比旧会计准则而言强化了会计信息应当有助于企业经营决策的目标要求
会计原则	◆ 新会计准则中规定的会计基本原则去除了权责发生制原则与历史成本原则，转而将其分别划入会计核算基础与会计要素计量中
会计要素	◆ 新会计准则规定会计要素为资产、负债、所有者权益、收入、费用、利润六类，并在所有者权益和利润要素中引入利得和损失概念，扩大了会计要素内涵
准则项目	◆ 在具体准则部分中，新会计准则在旧会计准则的基础上增添了新的准则内容，如原保险合同与再保险合同、投资性房产等 ◆ 在旧会计准则的基础上，新会计准则还对旧准则的部分内容进行了调整，如资产减值准备计提的调整、债务重组方法的调整等

（2）企业会计准则与小企业会计准则差异比较

小企业会计准则考虑了小企业的业务特点，相比企业会计准则而言具有较强的针对性，也存在相应的差异，具体主要包括图 2-25 所示的四个方面。

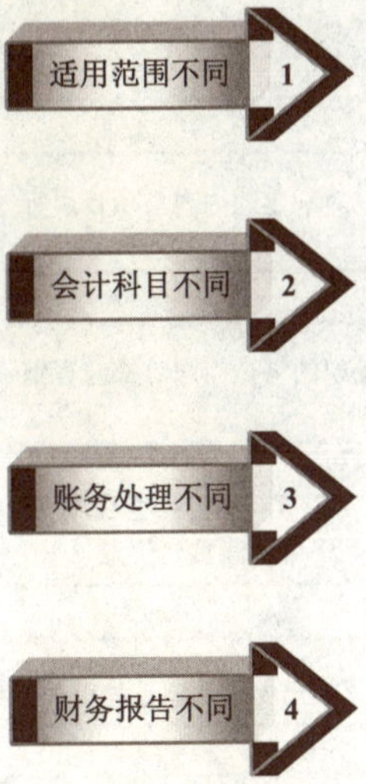

◆ 企业会计准则未对适用范围进行规定，而小企业会计准则有明确要求，即除股票或债券在市场上公开交易的小企业、金融机构或其他具有金融性质的小企业以及企业集团内的母公司和子公司外，所有符合《中小企业划型标准规定》小型企业标准的企业

◆ 由于小企业规模较小，经济业务较简单，因此小企业会计准则相比企业会计准则少设了 25 个一级科目，具体是在企业会计准则的基础上删减或合并了部分科目，如应收股利和应收利息合并为应收股息科目，原材料和包装物合并为材料科目等

◆ 针对小企业的特征，小企业会计准则相对企业会计准则而言，在账务处理方面进行了简化，如不设“待处理财产损益”科目，小企业在资产清查中发现资产的盘盈或盘亏时直接进行处理，又如不计提长期资产减值准备、简化核算要求等

◆ 小企业会计准则简化了财务报告的要求，企业会计准则要求企业提供的财务报告应包括资产负债表、利润表、现金流量表、所有者权益变动表这四类财务报表，而小企业会计准则只要求提供资产负债表和利润表两类基本财务报表，且报表内容比较简单

图 2-25 企业会计准则与小企业会计准则的差异

2.8 企业内审稽查事项

内审稽查是企业管理的重要环节，其目的在于监督、审查、判断、控制企业内部各项业

务、流程等是否符合相关制度的规范要求，是否存在违规违纪、徇私浪费等情况，是否与企业的组织目标相一致。

2.8.1 审计规划

企业在实施内部审计前，应做好内部审计的事前规划工作，唯有切实做好相应准备，才能保障审计工作规范、有序进行。一般而言，企业内部审计规划工作主要包括图 2-26 所示的四个方面。

确立目标
- ◆ 企业高层领导应当确立审计工作的目标方向，即审计是为了什么，应当要审查哪些内容等

明确要求
- ◆ 审计目标确立后，企业高层领导应当明确审计的具体要求，包括时间要求、成效要求等

权责分工
- ◆ 目标与要求确定并下达后，审计部应当组织人员，明确权责分工，完成审计工作的人事配置

制订计划
- ◆ 审计部还应遵照审计要求，做好设计程序的规划，并将上述所有内容汇总为内部审计计划，以作为后续工作的指导文件

图 2-26　内部审计规划的工作内容

2.8.2 审计实施

审计规划完成后，审计部则应遵照审计计划的安排与要求，正式开展内部审计工作，具体可划分为图 2-27 所示的六项要点。

1. 成立审计小组
- ◆ 为了方便审计工作的开展，审计人员应按权责分工成立临时的审计小组，从而实现高效管理和有效执行

2. 开展审查评估
- ◆ 审计小组成立后，应按照计划的时间要求和进度安排展开审计工作，对规定的内容与项目进行审查评估

3. 记录审查结果
- ◆ 审计过程中，审计人员应当做好相应的记录工作，审计评估结果与发现的审计问题等都应详细明确

4. 填写工作底稿
- ◆ 根据审计记录，审计人员应按规范要求填制好对应的审计工作底稿，不可遗漏重要信息

5. 总结审计结果
- ◆ 根据工作底稿，审计小组负责人应当总结审计结果，并针对审计结果提出相应的审计建议

6. 编制审计报告
- ◆ 针对审计结果与审计建议，审计人员应合力编制审计报告，并将报告连同对应的工作底稿提交给高层领导审批

图 2-27　内部审计实施要点

2.8.3 审计监控

从内部审计的规划到实施，企业应当做好各个环节的监控工作，以保障审计工作能够实

现预期效果。

（1）审计监控维度

审计监控维度可分为决策、执行与控制，具体如图 2-28 所示。

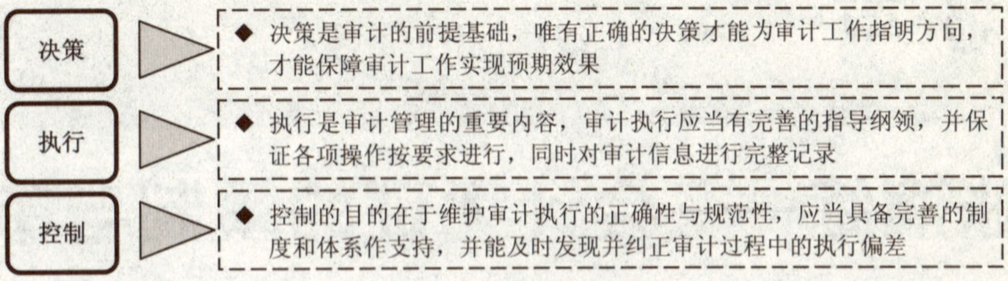

图 2-28　审计监控维度

（2）审计监控内容

遵照以上三大维度，审计监控的具体内容主要包括表 2-18 所示的四个方面。

表 2-18　审计监控内容

监控内容	具体说明
决策与计划管理	◆审计决策需要充足的依据、客观的判断以及严密的程序，唯有在正确决策的基础上，制订完善、科学的计划，才能保障审计工作的顺利实施与审计目标的有效达成
执行与组织管理	◆审计执行需要科学高效的组织协调作支持，各方面的资源配置都应齐全合理，同时审计人员的专业技能与知识经验也应作相关要求
控制与质量管理	◆审计控制要求及时发现并纠正审计执行过程中的不规范、不正确操作，有效保证审计执行质量，减少或避免审计风险，消除审计过程中的各类负面因素
审计信息管理	◆审计信息管理存在于整个审计过程中，审计信息应当得到完整的收集、妥善的保管、科学的分析以及高效的利用，同时信息的传递与反馈也应畅通无遗漏

第3章 实账演练——会计凭证的填制与审核

3.1 原始凭证的填制与审核

3.1.1 原始凭证的填制规范

（1）原始凭证填制内容

一般而言，一份规范且完整的原始凭证应当包括图 3-1 所示的基本内容。

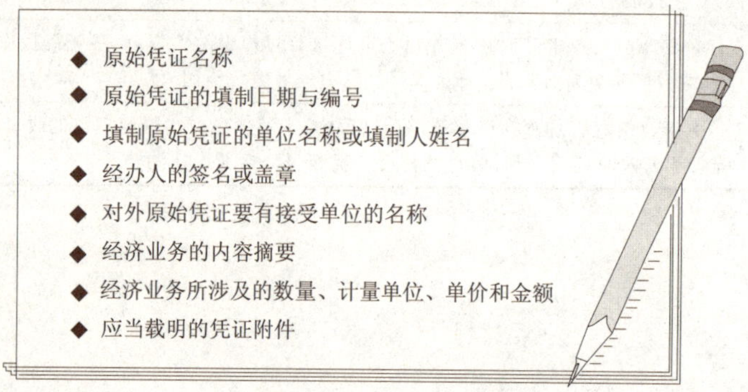

图 3-1　原始凭证的基本内容

（2）原始凭证填制要求

会计人员在填制原始凭证时，应满足表 3-1 所示的九项要求。

表 3-1　原始凭证填制要求一览表

要求	说明
格式统一	◆原始凭证一般都有统一的格式标准，诸如增值税专用发票之类的原始凭证通常由税务机关统一印制和监制，而一般发票则由财政部门统一印制和监制，企业不得私自进行制造或修改
真实正确	◆原始凭证的填制内容应与实际发生的经济业务相一致，不得弄虚作假，伪造、变造原始凭证，也不能乱估数据
内容齐全	◆原始凭证的各项基本内容应填列齐全，不得遗漏或省略；内容不全的原始凭证是无效的，不能作为经济业务的合法证明
填制及时	◆经济业务发生后应及时填制原始凭证，避免事后补填，以保证会计信息的时效性和准确性，为会计凭证的下一步传递奠定基础

续表

要求	说明
手续完备	◆ 填制原始凭证应有完备手续，以明确经济责任，确保凭证的真实性，应有的签字、盖章等不可缺少
连续编号	◆ 原始凭证必须连续编号，以便查证；预先印定编号的原始凭证，在写坏作废时，应加盖“作废”戳记，并连同存根联妥善保管，不得撕毁
书写清楚	◆ 填制原始凭证应做到文字简要、字迹端正、清楚明了、易于辨认，不得潦草混淆，也不能写连笔字
填制规范	◆ 填制原始凭证应当使用钢笔或碳素笔，用蓝黑墨水或碳素墨水 ◆ 书写的文字不得使用未经国务院公布的简化文字 ◆ 大、小写金额数字应符合规范要求 ◆ 在合计栏数字或只有一笔数字的前面，应书写货币币种符号或货币名称简写 ◆ 所有以元为单位的阿拉伯数字，除表示单价等情况外，一律填写到角分 ◆ 凭证上每一格只能填写一个数字，不得多个数字挤在一个格内 ◆ 凭证上的金额栏的空白行应画斜线注销
不得涂改	◆ 原始凭证不得随意涂改、刮擦、挖补，否则视为无效，若填制内容存在错误需要更正时，应划线更正，并在更正处加盖出具单位印章

（3）原始凭证填制注意事项

除上述要求外，会计人员在填制原始凭证时，还应当关注图 3-2 所示的注意事项。

- ◆ 从外单位取得的原始凭证，必须加盖填制单位的公章，发票和收据还必须印有税务部门或财务部门监制章
- ◆ 从个人处取得的原始凭证，必须有填制人员的签名或者盖章
- ◆ 自制原始凭证必须要有经办业务的部门和负责人的签名或盖章
- ◆ 对外出示的原始凭证必须加盖本单位公章，如业务公章、财务专用章、发票专用章、收款专用章、结算专用章等
- ◆ 收、付款项的原始凭证应有出纳人员的签名或盖章，并加盖“现金收讫”“现金付讫”“银行收讫”“银行付讫”等专用章；支付款项的原始凭证还必须有收款单位和收款人的收款证明，不能仅以支付款项的有关凭证代替
- ◆ 购买实物的原始凭证，必须有验收证明
- ◆ 发生销货退回时，必须填制退货发票和退货验收证明；退款人必须取得对方的收款收据或汇款银行的凭证，不得以退货发票代替
- ◆ 经上级有关部门批准的经济业务，应当将批准文件作为原始凭证的附件

图 3-2 原始凭证填制注意事项

3.1.2 原始凭证的填制演练

遵照上述规范要求，下面具体演练了各类原始凭证的填制，供读者借鉴与参考。

演练 3-1：外来原始凭证的填制

外来原始凭证即企业与外单位发生经济往来时，从外单位获取的原始凭证，具体填制演练如下所示。

2016 年 4 月 20 日，甲企业向乙企业购进了一批 A 设备，数量为 10 台，单价为 5 600 元，总金额为 56 000 元，并收到乙企业开出的销售统一发票，具体如表 3-2 所示。

表 3-2　××省货物销售统一发票

开票日期：2016 年 4 月 20 日　　　　　　　　　　　　　　编号：

购货方	名称	×××	识别号或证件号	×××		
	地址、电话	×××	开户行及账号	×××		
货物名称	规格	单位	数量	单价	金额	
A 设备	×××	台	10	5 600	￥56 000.00	
合计人民币(大写)	伍万陆仟元整				￥56 000.00	
销售方	开户银行	×××	结算方式	×××	备注	×××
	账号	×××	联系电话	×××		

开票人：×××　　　　　　收款人：×××　　　　　　开票单位（未盖章无效）

演练 3-2：自制原始凭证的填制

自制原始凭证即企业自行填制的原始凭证，具体填制示范如下所示。

2016 年 4 月 25 日，甲企业从乙企业购买 A 材料 200 千克，单价 450 元，价款为 90 000 元。该批材料已验收入库，甲企业相关部门填制收料单，具体如表 3-3 所示。

表 3-3　收料单

供应单位：×××　　　　　　　　　　　　　　　　收料仓库：×××

发票号码：×××　　　　　2016 年 4 月 25 日　　　　　　第×××号

材料编号	材料名称	规格	单位	数量		金额			
				应收	实收	单价	金额	运费	合计
×××	A 材料	×××	千克	200	200	450	90 000	—	90 000
合计							90 000		90 000

仓库负责人：×××　　　　　　经办人：×××　　　　　　收料人：×××

3.1.3　原始凭证的审核要求

原始凭证填制完成后，需要经过业务经办部门与会计部门的审核。在确认规范正确后，方能作为记账凭证的填制依据。

一般而言，原始凭证的审核要求主要包括图 3-3 所示的七个方面。

真实性	审核原始凭证的具体内容是否真实，是否存在虚假伪造等问题
合法性	审核原始凭证是否符合国家法律的规定，是否符合会计准则的规范要求
有效性	审核原始凭证是否具备应有的签名与盖章，更正方式是否符合规范要求
合理性	审核原始凭证的具体内容是否符合该项经济业务的执行标准
正确性	审核原始凭证的填制方式与填制内容是否正确，是否加盖了正确的戳记
完整性	审核原始凭证是否填列完整，有无遗漏
及时性	审核原始凭证的填制日期是否及时，是否与经济业务发生或完成日期相符

图 3-3　原始凭证的审核要求

3.2 记账凭证的填制与审核

3.2.1 记账凭证的填制规范

（1）记账凭证填制内容

一般而言，一份完整的记账凭证应包括图 3-4 所示的八项基本内容。

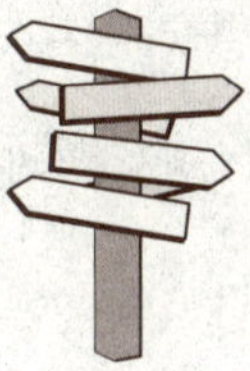

- ◆ 记账凭证的名称及填制单位的名称
- ◆ 记账凭证的填制日期
- ◆ 记账凭证的编号
- ◆ 经济业务的内容摘要
- ◆ 经济业务所涉及的会计科目、金额及其记账方向
- ◆ 记账标记
- ◆ 所附原始凭证张数
- ◆ 会计主管、记账、审核、出纳、制单等相关人员的签章

图 3-4　记账凭证的基本内容

（2）记账凭证填制要求

会计人员在填制记账凭证时，应当满足图 3-5 所示的九项要求。

（3）记账凭证填制的注意事项

会计人员在填制记账凭证时，还应注意图 3-6 所示的相关事项。

3.2.2 记账凭证的填制演练

遵照上述规范要求，如下列举了各类记账凭证的填制演练，供读者借鉴与参考。

依据无误

◆ 记账凭证的编制依据是审核通过的原始凭证，原始凭证应当真实无误，才能保证记账凭证的正确性

内容完整

◆ 记账凭证的各项基本内容均应填列完整，必要内容的缺失会导致记账凭证失去效力

日期准确

◆ 记账凭证的填制日期一般为财务部受理会计事项、编制记账凭证的当天日期，具体到年、月、日

科目正确

◆ 记账凭证应根据原始凭证选择正确的会计科目，并根据账户类别确定正确的记账方向

金额规范

◆ 记账凭证中金额数字的填写应符合书写规范，角分位不留空白，合计金额第一位数字前要注明人民币符号

连续编号

◆ 记账凭证应当连续编号，不得漏号、重号、错号，编号每月一次，从1号编起，顺序编至月末

附件齐全

◆ 记账凭证需以依据的原始凭证为附件，以证明自身的真实正确，所附的原始凭证应当齐全完备，并在记账凭证上注明张数

空白注销

◆ 记账凭证填制完成后如有空白行，应在金额栏最后一笔金额数字至合计数之间的空行处画斜线注销

签名盖章

◆ 记账凭证填制过程中，相关人员应按传递顺序逐一签章，以明确经济责任，收、付款凭证应加盖“收讫”“付讫”戳记，以免重收重付

图 3-5　记账凭证的填制要求

注意事项

◆ 一张原始凭证所列的支出需要由两个以上的单位共同负担时，应当由保存该原始凭证的单位开给其他应负担单位原始凭证分割单

◆ 填制记账凭证时如果发生错误，应当重新填制。已经登记入账的记账凭证在当年内发现错误的，可以用红字注销法进行更正

◆ 实行会计电算化的企业，其机制记账凭证应当符合记账凭证填制的基本要求，并应经过严格审核，确保会计科目和金额数字的正确性

◆ 摘要应与原始凭证内容一致，能正确反映经济业务的主要内容，表述简短精练

图 3-6　记账凭证填制的注意事项

演练　3-3：专用记账凭证的填制

专用记账凭证按经济业务的内容性质可分为收款凭证、付款凭证与转账凭证，具体填制演练如下所示。

2016 年 2 月 17 日，甲企业收到乙企业追加投资款 230 000 元，账款直接汇到甲企业开户银行。会计人员为该笔银行存款收入填制了收款凭证，以作为银行存款收入业务的记账依据，具体如表 3-4 所示。

表 3-4 收款凭证

借方科目：银行存款　　2016 年 2 月 17 日　　收字第×号

摘要	贷方科目		金额										记账
	总账科目	明细科目	千	百	十	万	千	百	十	元	角	分	
收到乙企业投资款	股本	乙企业			2	3	0	0	0	0	0	0	√
合计				¥	2	3	0	0	0	0	0	0	√

会计主管：×××　记账：×××　出纳：×××　审核：×××　制单：×××

2016 年 3 月 2 日，甲企业通过银行支付前欠丙企业材料款，合计 154 000 元。会计人员为该笔银行存款支付业务填制了付款凭证，以作为银行存款支付业务的记账依据，具体如表 3-5 所示。

表 3-5 付款凭证

贷方科目：银行存款　　2016 年 3 月 2 日　　付字第×号

摘要	借方科目		金额										记账
	总账科目	明细科目	千	百	十	万	千	百	十	元	角	分	
支付前欠材料款	应付账款	丙企业			1	5	4	0	0	0	0	0	√
合计				¥	1	5	4	0	0	0	0	0	√

会计主管：×××　记账：×××　出纳：×××　审核：×××　制单：×××

2016 年 3 月 20 日，甲企业向丁企业购进 B 材料一批，合计 11 000 元，税款为 1 870 元，合计价款为 12 870 元，款项尚未支付。会计人员为该业务填制了转账凭证，以作为银行存款收付业务以外的转账业务的记账依据，具体如表 3-6 所示。

演练 3-4：通用记账凭证的填制

通用记账凭证即各类经济业务均可使用的记账凭证，通常适用于经济业务较简单而为了简化凭证的情况，具体填制示范如下所示。

2016 年 2 月 17 日，甲企业向乙企业购进 B 材料一批，共计 8 700 元，货款尚未支付。会计人员为该项经济业务填制了记账凭证，具体如表 3-7 所示。

演练 3-5：复式记账凭证的填制

复式记账凭证是将某项经济业务所涉及的全部会计科目集中填列在一张记账凭证上，上

表 3-6　转账凭证

2016 年 3 月 20 日　　转字第×号

摘要	总账科目	明细科目	借方金额	贷方金额	记账
购进 B 材料	材料采购	B 材料	11 000		√
	应交税费	应交增值税（进）	1 870		√
	应付账款	丁企业		12 870	√
合计			￥12 870	￥12 870	√

会计主管：×××　　记账：×××　　审核：×××　　制单：×××

表 3-7　记账凭证

字第×号　　2016 年 3 月 17 日　　附单据数：

摘要	总账科目	明细科目	借方金额	贷方金额
购进 B 材料欠货款	材料采购	B 材料	8 700	
	应付账款	乙企业		8 700
合计			￥8 700	￥8 700

会计主管：×××　　记账：×××　　出纳：×××　　审核：×××　　制单：×××

述的转账凭证和通用记账凭证均涉及多个会计科目，其填列格式都属于复式记账凭证的格式，故此处不再举例演练。

演练　3-6：单式记账凭证的填制

单式记账凭证即将某项经济业务所涉及的每个会计科目分别填制记账凭证，通常适用于经济业务较复杂、部门分工较细的情况，具体填制示范如下所示。

2016 年 4 月 14 日，甲企业通过银行向丙企业支付前欠材料款，合计 10 500 元。会计人员采用单式记账凭证格式填制了借项记账凭证与贷项记账凭证，具体如表 3-8、表 3-9 所示。

表 3-8　借项记账凭证

2016 年 4 月 14 日　　凭证编号

摘要	一级科目	明细科目	账页	金额
支付丙企业前欠材料款	应付账款	丙企业		10 500
对应一级科目：银行存款	合计			￥10 500

会计主管：　　记账：　　出纳：　　审核：　　制单：

表 3-9 贷项记账凭证

2016 年 4 月 14 日　　　　　　　　凭证编号

摘要	一级科目	明细科目	账页	金额
支付丙企业前欠材料款	银行存款			10 500
对应一级科目：应付账款	合计			￥10 500

会计主管：　　记账：　　出纳：　　审核：　　制单：

演练 3-7：汇总记账凭证的填制

汇总记账凭证是将一段时期内同类记账凭证汇总编制而成的记账凭证，具体填制示范如下所示。

以上述甲企业在专用记账凭证填制示范中的三项经济业务为例，会计人员于 2016 年 5 月 20 日根据以上记账凭证编制汇总记账凭证，填制科目汇总表，具体如表 3-10 所示。

表 3-10 科目汇总表

2016 年 5 月 20 日　　　　　　　　汇字第×号

科目编号	科目名称	借方金额	贷方金额
1002	银行存款	230 000	154 000
1015	材料采购	11 000	0
1030	应付账款	154 000	12 870
1046	应交税费	1 870	0
1052	股本	0	230 000
合并		￥396 870	￥396 870

3.2.3 记账凭证的审核要求

为了保证账簿登记的正确性，记账凭证填制完成后，会计部门需对其进行严格审核，对于存在错误的记账凭证应及时要求更正。一般而言，记账凭证审核主要可分为合规性审核和技术性审核两大方面，具体的审核要求如图 3-7 所示。

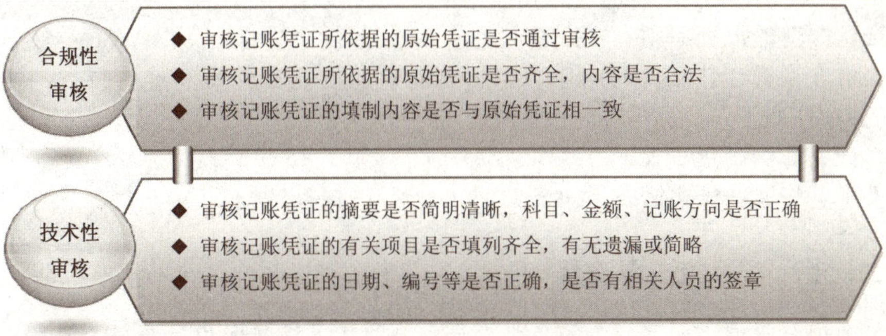

图 3-7 记账凭证的审核要求

Chapter 04

第 4 章

实账演练——会计账簿的设置与登记

4.1 会计账簿设置

4.1.1 会计账簿的设置规范

会计账簿是会计工作的基础工具，企业会计人员应根据实际需要设置合理的会计账簿，这样才能保证后续会计工作的顺利进行。

（1）会计账簿的基本要素

无论何种格式的会计账簿一般都具备图 4-1 所示的三项基本要素，会计人员在设置会计账簿时，应保证齐全完整。

封面
- ◆ 封面主要填写账簿名称和记账单位名称

扉面
- ◆ 扉面主要填写账簿启用的日期和截止日期、页数、册次、经营账簿人员一览表和签章、会计主管人员签章以及账户目录等

账页
- ◆ 账页填写经济业务的具体内容，主要包括账户名称、登账日期、凭证种类和编号、摘要、金额、总页次、分户页次

图 4-1　会计账簿的基本要素

（2）会计账簿的设置原则

会计人员在设置会计账簿时，应当根据企业自身的业务性质和经营特点，切实遵循图 4-2 所示的五项原则。

（3）会计账簿的设置步骤

会计人员在设置会计账簿时，可参照图 4-3 所示的五步骤。

4.1.2 会计账簿的设置演练

遵照上述规范要求，如下列举了各类会计账簿设置的演练，供读者借鉴与参考。

演练　4-1：普通日记账的设置

普通日记账是逐日逐笔记录全部经济业务的日记账，主要有两栏式和多栏式两种形式，

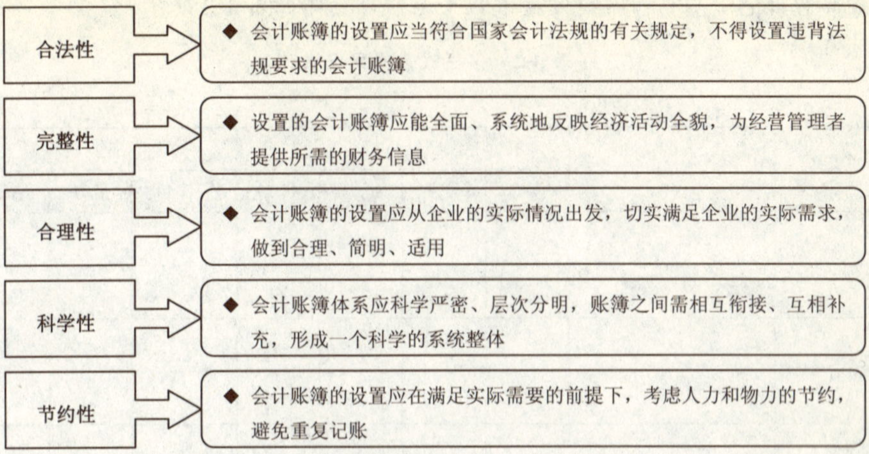

图 4-2　会计账簿的设置原则

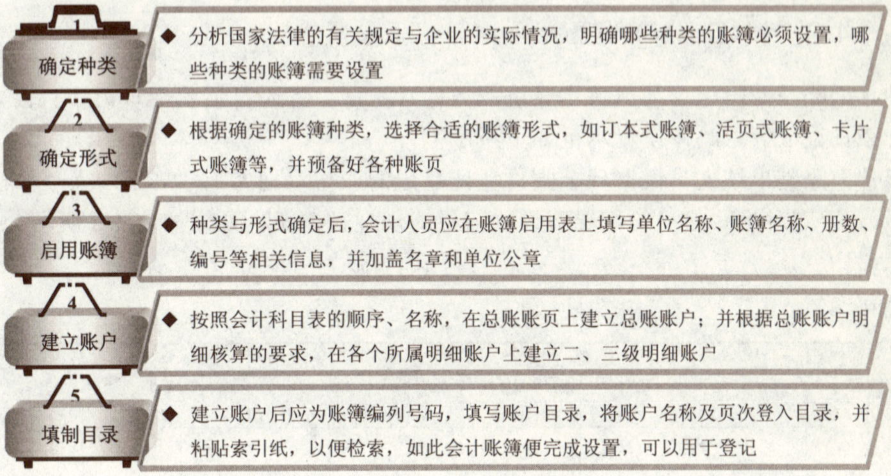

图 4-3　会计账簿的设置步骤

具体设置示范如下所示。

两栏式普通日记账一般只设有“借方”和“贷方”两个基本金额栏目，具体如表 4-1 所示。

表 4-1　两栏式普通日记账

第　页

年		摘要	会计科目	借方	贷方	过账	总账页数
月	日						

多栏式普通日记账按实际需要设置了若干专栏，具体如表 4-2 所示。

表 4-2　多栏式普通日记账

第　页

年		摘要	银行存款		现金		其他科目			
月	日		借方	贷方	借方	贷方	科目名称	借方	贷方	过账

演练　4-2：特种日记账的设置

特种日记账是专门记录某项特定经济业务的日记账，主要包括现金日记账、银行存款日记账、转账日记账等，具体设置示范如下所示。

现金日记账是出纳人员根据现金收付凭证登记的账簿，通常有“三栏式”“多栏式”和“收付分页式”三种形式，一般情况下设置三栏式现金日记账，具体如表 4-3 所示。

表 4-3　现金日记账

第　页

年		凭证		摘要	对方科目	借方	贷方	余额
月	日	种类	号数					

银行存款日记账是出纳人员根据银行存款收、付凭证登记的账簿，同样有“三栏式”“多栏式”和“收付分页式”三种形式，一般情况下设置三栏式银行存款日记账，具体如表 4-4 所示。

演练　4-3：总分类账的设置

总分类账简称总账，是根据总分类科目设置，登记全部经济业务的账簿，常见的设置形式有“三栏式”“多栏式”和“棋盘式”三种，具体设置示范如下所示。

三栏式总分类账根据账页格式可分为不反映对方科目的三栏式总账和反映对方科目的三栏式总账，具体如表 4-5、表 4-6 所示。

表 4-4 银行存款日记账

第 页

年		凭证		摘要	对方科目	结算凭证		收入（借方）	付出（贷方）	余额
月	日	种类	号数			种类	编号			

表 4-5 不反映对方科目的三栏式总账

总账科目：

年		凭证		摘要	借方	贷方	借或贷	余额
月	日	种类	号数					

表 4-6 反映对方科目的三栏式总账

总账科目：

年		凭证		摘要	借方		贷方		借或贷	余额
月	日	种类	号数		金额	对方科目	金额	对方科目		

多栏式总分类账又称日记总账，是将序时记录和总分类记录结合在一起登记的多栏式总账，具体如表 4-7 所示。

棋盘式总分类账的具体格式如表 4-8 所示。

演练 4-4：明细分类账的设置

明细分类账简称明细账，是按照明细分类账户进行分类登记的账簿，常见的设置形式有

表 4-7　多栏式总分类账

总账科目：

年		凭证		摘要	本期发生额					借或贷	余额
					现金业务		银行存款业务				
月	日	种类	号数		借方	贷方	借方	贷方			

表 4-8　棋盘式总分类账

总账科目：

借方 / 贷方	资产	负债	所有者权益	收入	费用	借方合计	期初余额		期末余额	
							借方	贷方	借方	贷方
资产										
负债										
所有者权益										
收入										
费用										
贷方合计										

"三栏式""数量金额式"和"多栏式"三种，具体设置示范如下所示。

三栏式明细分类账适用于只需要进行金额核算而不需要进行数量核算的明细核算情况，具体如表 4-9 所示。

表 4-9　三栏式明细账

总账科目：　　　　　　　　　　　　　　　　　　　　　　　　　总第　页

明细科目：　　　　　　　　　　　　　　　　　　　　　　　　　分第　页

年		凭证号	摘要	借方	贷方	借或贷	余额
月	日						

数量金额式明细账适用于既需要进行金额核算，又需要进行实物数量核算的各种财产物资的明细账户，具体如表 4-10 所示。

表 4-10 数量金额式明细账

总账科目：　　　　　　　　　　　　　　　　　　　　总第　页

明细科目：　　　　　　　　　　　　　　　　　　　　总第　页

年		凭证		摘要	收入			发出			结存		
月	日	种类	号数		数量	单位	金额	数量	单位	金额	数量	单位	金额

多栏式明细账

多栏式明细账是根据明细科目设置若干个专栏，可以设置为借方多栏式，如“成本费用”；也可以设置成贷方多栏式，如“收入”；还可以设置成借方贷方多栏式，如“本年利润”等。这三类多栏式明细账具体如表 4-11～表 4-13 所示。

表 4-11 生产成本明细账

账户名称：　　　　　　　　　　　　　　　　　　　　完工数量：

年		凭证		摘要	借方科目			
月	日	种类	号数		直接材料	直接人工	制造费用	合计

表 4-12 现金（银行存款）收入明细账

账户名称：

年		凭证		摘要	贷方科目			
月	日	种类	号数					金额合计

表 4-13 本年利润表

年		凭证		摘要	对方科目	借方	核对号	贷方	核对号	借或贷	余额
月	日	种类	号数								

4.2 会计账簿登记

4.2.1 会计账簿的登记规范

登记会计账簿即根据审核无误的记账凭证，遵照复式记账原则，将经济业务的具体内容序时、分类登记到账簿中。会计人员在登记账簿时，应当遵循《会计基础工作规范》等相关会计法规、制度的规范要求。

一般而言，会计账簿的登记要求可总结为图 4-4 所示的八个方面。

1 ◆ 登记账簿应当依据审核无误的记账凭证，记账凭证的某项业务登记完成后，会计人员应在记账凭证上签名或盖章，并注明记账标记，以免发生漏记或重记

2 ◆ 登记账簿时会计人员应将记账凭证中的日期、编号、业务内容摘要、金额和其他有关资料逐项计入账簿中，并保证内容的准确完整

3 ◆ 账簿的文字、数字书写应端正、清晰、整洁，并留有适当空格（一般占格距的二分之一），以便登记错误时容易更正

4 ◆ 登记账簿时应按账页编号逐页、逐行进行填写，不得隔页跳行，或在行上行下任意填写，如果发生跳行隔页，应画红色对角线注销空白行、空白页

5 ◆ 登记账簿应使用蓝黑墨水或碳素墨水书写，不能使用铅笔等不规范笔种，红色墨水只能用于结账、改错冲销等规定使用红字登记的地方

6 ◆ 凡需结出余额的账户，结出余额后应在“借或贷”栏内注明“借”或“贷”字样，表明余额方向，没有余额的账户应在“借或贷”栏内记“平”字

7 ◆ 每一账页登记完毕需结转下页时，应在本页最后一行和下页第一行有关栏内结出本页合计数及余额，并在本页和次页摘要栏内分别注明“过次页”“承前页”

8 ◆ 账簿登记出现错误时，不得刮、擦、挖补、涂改或使用退色药水更改字迹，亦不准重新抄写，应根据错误情况，按规定方法进行更正

图 4-4 会计账簿的登记要求

4.2.2 会计账簿的登记示范

遵照上述规范要求，如下列举了各类会计账簿登记的演练，供读者借鉴与参考。

演练 4-5：现金日记账的登记

甲企业 2016 年 3 月份的库存现金余额为 3 500 元，会计人员根据该企业 2016 年 4 月份发生的现金收付业务，填制相应记账凭证，并登记现金日记账，具体示范如下所示。

2016 年 4 月 2 日，甲企业购买办公用品，支付现金 700 元，会计人员依据审核无误的原始凭证编制记账凭证，具体如表 4-14 所示。

2016 年 4 月 4 日，甲企业因需要从银行提取现金 1 500 元备用，会计人员依据审核无误的原始凭证编制记账凭证，具体如表 4-15 所示。

表 4-14 付款凭证

贷方科目：库存现金　　2016 年 4 月 2 日　　现付字第 1 号

摘要	借方科目		金额										记账
	总账科目	明细科目	千	百	十	万	千	百	十	元	角	分	
购买办公用品	管理费用	办公费						7	0	0	0	0	√
合计							¥	7	0	0	0	0	√

会计主管：××× 记账：××× 出纳：××× 审核：××× 制单：×××

表 4-15 付款凭证

贷方科目：银行存款　　2016 年 4 月 4 日　　银付字第 1 号

摘要	借方科目		金额										记账
	总账科目	明细科目	千	百	十	万	千	百	十	元	角	分	
提取现金备用	库存现金						1	5	0	0	0	0	√
合计						¥	1	5	0	0	0	0	√

会计主管：××× 记账：××× 出纳：××× 审核：××× 制单：×××

2016 年 4 月 10 日，甲企业支付车间水电费，共计 2 500 元，会计人员依据审核无误的原始凭证编制记账凭证，具体如表 4-16 所示。

表 4-16 付款凭证

贷方科目：库存现金　　2016 年 4 月 10 日　　现付字第 2 号

摘要	借方科目		金额										记账
	总账科目	明细科目	千	百	十	万	千	百	十	元	角	分	
支付车间水电费	制造费用	车间					2	5	0	0	0	0	√
合计						¥	2	5	0	0	0	0	√

会计主管：××× 记账：××× 出纳：××× 审核：××× 制单：×××

依据上述 2016 年 4 月份各项现金收付业务的记账凭证，会计人员登记现金日记账，具体如表 4-17 所示。

表 4-17　现金日记账

第×页

2016 年		凭证		摘要	对方科目	借方	贷方	余额
月	日	种类	号数					
4	1			期初余额				3 500
4	2	现付	1	购买办公用品	管理费用		700	2 800
4	4	银付	1	提取现金备用	银行存款	1 500		4 300
4	10	现付	2	支付车间水电费	制造费用		2 500	1 800
				合计		￥1 500	￥3 200	￥1 800

演练 4-6：银行存款日记账的登记

甲企业 2016 年 3 月份的银行存款余额为 63 500 元，会计人员根据该企业 2016 年 4 月份发生的现金收付业务，填制相应记账凭证，并登记现金日记账，具体示范如下所示。

2016 年 4 月 5 日，甲企业以银行存款支付广告费，共计 6 500 元，会计人员依据审核无误的原始凭证编制记账凭证，具体如表 4-18 所示。

表 4-18　付款凭证

贷方科目：银行存款　　　　2016 年 4 月 5 日　　　　银付字第 2 号

摘要	借方科目		金额										记账
	总账科目	明细科目	千	百	十	万	千	百	十	元	角	分	
支付广告费	销售费用	广告费					6	5	0	0	0	0	√
合计						￥	6	5	0	0	0	0	√

会计主管：×××　　记账：×××　　出纳：×××　　审核：×××　　制单：×××

2016 年 4 月 7 日，甲企业偿还乙企业欠款，共计 15 000 元，会计人员依据审核无误的原始凭证编制记账凭证，具体如表 4-19 所示。

2016 年 4 月 13 日，甲企业收到丙企业支付的货款，共计 35 300 元，会计人员依据审核无误的原始凭证编制记账凭证，具体如表 4-20 所示。

依据上述 4 月份各项银行存款收付业务的记账凭证及 2016 年 4 月 4 日从银行存款提取 1 500元备用金的银行存款付款凭证，会计人员登记银行存款日记账，具体如表 4-21 所示。

表 4-19 付款凭证

贷方科目：银行存款　　　　2016 年 4 月 7 日　　　　银付字第 3 号

摘要	借方科目		金额										记账
	总账科目	明细科目	千	百	十	万	千	百	十	元	角	分	
支付欠款	应付账款	乙企业				1	5	0	0	0	0	0	√
合计					¥	1	5	0	0	0	0	0	√

会计主管：×××　　记账：×××　　出纳：×××　　审核：×××　　制单：×××

表 4-20 收款凭证

借方科目：银行存款　　　　2016 年 4 月 13 日　　　　银收字第 1 号

摘要	贷方科目		金额										记账
	总账科目	明细科目	千	百	十	万	千	百	十	元	角	分	
收到货款	应收账款	丙企业				3	5	3	0	0	0	0	√
合计					¥	3	5	3	0	0	0	0	√

会计主管：×××　　记账：×××　　出纳：×××　　审核：×××　　制单：×××

表 4-21 银行存款日记账

第 1 页

2016 年		凭证		摘要	对方科目	结算凭证		收入（借方）	付出（贷方）	余额
月	日	种类	号数			种类	编号			
4	1			期初余额						63 500
4	4	银付	1	提取现金备用	库存现金				1 500	62 000
4	5	银付	2	支付广告费	销售费用				6 500	55 500
4	7	银付	3	支付欠款	应付账款				15 000	40 500
4	13	银收	1	收到货款	应收账款			35 300		75 800
				合计				¥35 300	¥23 000	¥75 800

演练 4-7：总分类账的登记

总分类账的登记通常有两种方式：一种是直接根据记账凭证逐笔登记；另一种是根据科目汇总表或汇总记账凭证进行登记。此处仍以上述甲企业 2016 年 4 月份的各项经济业务为例，具体的总分类账登记示范如下所示。

直接依据记账凭证登记总分类账时，会计人员应事先根据原始凭证填制相应的记账凭证，各类记账凭证的填制在上述示范中已有示例，故此处不再重复说明。

根据科目汇总表登记总分类账时，会计人员应事先根据记账凭证编制科目汇总表。此例中的科目汇总表于2016年5月1日编制完成，具体如表4-22所示。

表4-22　科目汇总表

2016年5月1日　　汇字第1号

科目编号	科目名称	借方金额	贷方金额
1001	库存现金	1 500	3 200
1002	银行存款	35 300	23 000
1122	应收账款	0	35 300
2202	应付账款	15 000	0
5101	制造费用	2 500	0
6602	管理费用	700	0
6601	销售费用	6 500	0
合并		￥61 500	￥61 500

根据上述方式得到的总分类账登记依据，会计人员对甲企业2016年4月份的经济业务登记总分类账，具体如表4-23、表4-24所示。

表4-23　总分类账1

总账科目：库存现金

2016年		凭证		摘要	借方	贷方	借或贷	余额
月	日	种类	号数					
4	1			期初余额			借	3 500
4	30			本月发生额	1 500	3 200	借	1 800
4	30			本期发生额及余额	1 500	3 200	借	1 800

表4-24　总分类账2

总账科目：银行存款

2016年		凭证		摘要	借方	贷方	借或贷	余额
月	日	种类	号数					
4	1			期初余额			借	63 500
4	30			本月发生额	35 300	23 000	借	75 800
4	30			本期发生额及余额	35 300	23 000	借	75 800

演练　4-8：明细分类账的登记

明细分类账是根据明细科目登记的账簿，此处主要列举了常用的三栏式明细分类账，具体登记示范如下所示。

2016 年 5 月 7 日，甲企业销售给乙企业 A 材料一批，共计货款 53 000 元。5 月 10 日，乙企业通过银行转账支付了部分货款，共计 48 000 元。5 月 15 日，乙企业再次通过银行转账支付了剩余货款，共计 3 000 元。甲企业会计人员根据上述经济业务的记账凭证，登记了相应的明细分类账，具体如表 4-25 所示。

表 4-25 明细分类账

总账科目：应收账款　　　　总第 1 页

明细科目：乙企业　　　　分第 1 页

2016 年		凭证号	摘要	借方	贷方	借或贷	余额
月	日						
5	1		期初余额			平	0
5	7		销售 A 材料款	53 000		借	53 000
5	10		收到乙企业货款		48 000	借	5 000
5	15		收到乙企业货款		3 000	借	2 000
5	31		本月合计	￥53 000	￥51 000	借	￥2 000

4.3 试算平衡与平行登记

4.3.1 试算平衡规范

试算平衡是在借贷记账法下，依据会计等式和复式记账原理，对账簿记录进行汇总测算，以检查和验证账簿记录是否正确。使用该种方法时，会计人员通常会编制试算平衡表，以进行相关数据的记录、计算和对比。

需要注意的是，试算平衡虽然能检查出借贷不平衡的记账错误，但借贷平衡并不能完全保证账簿记录不存在错误，因此会计人员还需要结合其他方法审慎查找。

一般而言，会计人员在使用试算平衡检查账簿记录是否正确时，具体从图 4-5 所示的两

借贷发生额试算平衡

◆ 借贷发生额试算平衡是依据全部账户本期借方发生额合计等于贷方发生额合计的原理，将一段时期内全部账户的借方发生额与贷方发生额分别进行合计，如果二者不相等，则表明账簿记录存在错误

借贷余额试算平衡

◆ 借贷余额试算平衡是依据全部账户借方期末余额合计等于贷方期末余额合计的原理，将任意会计期末全部账户的借方余额与贷方余额分别进行合计，如果二者不相等，则表明账簿记录存在错误

图 4-5 试算平衡的具体内容

个方面进行。

4.3.2 平行登记示范

平行登记是根据经济业务的记账凭证，在登记有关总分类账的同时，登记相关明细分类账的记账方式，具体的登记示范如下所示。

演练 4-9:

2016 年 5 月月底，甲企业存在未收回的货款 35 000 元，其中乙企业占 20 000 元，丙企业占 15 000 元。2016 年 6 月 8 日，乙企业支付前欠货款 17 000 元；2016 年 6 月 16 日，丙企业支付前欠货款 12 000 元。会计人员为该项经济业务填制记账凭证，并依据该凭证采用平行登记方法，登记总分类账与明细分类账，具体如表 4-26～表 4-30 所示。

表 4-26 收款凭证 1

借方科目：银行存款　　　　2016 年 6 月 8 日　　　　银收字第 1 号

摘要	贷方科目		金额										记账
	总账科目	明细科目	千	百	十	万	千	百	十	元	角	分	
收到货款	应收账款	乙企业				1	7	0	0	0	0	0	√
合计					¥	1	7	0	0	0	0	0	√

会计主管：×××　记账：×××　出纳：×××　审核：×××　制单：×××

表 4-27 收款凭证 2

借方科目：银行存款　　　　2016 年 6 月 16 日　　　　银收字第 2 号

摘要	贷方科目		金额										记账
	总账科目	明细科目	千	百	十	万	千	百	十	元	角	分	
收到货款	应收账款	丙企业				1	2	0	0	0	0	0	√
合计					¥	1	2	0	0	0	0	0	√

会计主管：×××　记账：×××　出纳：×××　审核：×××　制单：×××

表 4-28 总分类账

总账科目：应收账款

2016 年		凭证		摘要	借方	贷方	借或贷	余额
月	日	种类	号数					
6	1			期初余额			借	35 000
6	30			本月发生额		29 000	借	6 000
6	30			本期发生额及余额		29 000	借	6 000

表 4-29 明细分类账 1

总账科目：应收账款　　　　总第 2 页

明细科目：乙企业　　　　分第 1 页

2016 年		凭证号	摘要	借方	贷方	借或贷	余额
月	日						
6	1		期初余额			借	20 000
6	8		收到货款		17 000	借	3 000
6	30		本月合计	￥0	￥17 000	借	￥3 000

表 4-30 明细分类账 2

总账科目：应收账款　　　　总第 2 页

明细科目：丙企业　　　　分第 2 页

2016 年		凭证号	摘要	借方	贷方	借或贷	余额
月	日						
6	1		期初余额			借	15 000
6	16		收到货款		12 000	借	12 000
6	30		本月合计	￥0	￥12 000	借	￥3 000

4.4 记账错误更正

4.4.1 记账错误查找与更正规范

在记账过程中，可能会发生各种记账错误，如重记、漏记、颠倒、错位等。为此每逢月末结账和账簿稽核时，相关人员要及时发现账簿登记中存在的错误，并采用规范方法进行更正，以保证账簿信息的准确性。

（1）记账错误查找方法

合理选择适用方法查找记账错误，是错账得以及时发现并更正的基础前提。一般而言，常用的记账错误查找方法主要包括表 4-31 所示的三大类，三类方法应结合使用，以保证查找结果的全面性。

表 4-31　记账错误查找方法说明表

方法	说明	适用范围
视觉查找法	◆ 即通过视觉，对账簿的整体情况进行目测查找的方法	◆ 适用于查找一些可能存在的明显性规范错误，如使用的笔种、红笔的使用、登记的数字文字是否清晰整洁、是否有不规范的涂改痕迹等
推演查找法	◆ 即比照记账凭证对会计账簿的登记内容进行重新推演，以判断两者是否相符的方法	◆ 适用于查找会计科目、记账方向、金额等方面的登记错误，具体可由记账凭证进行正向推演，也可由会计账簿进行逆向推演
试算查找法	◆ 即通过试算借贷双方金额是否平衡或相等，以判断会计账簿登记的具体金额数字是否正确的方法	◆ 适用于查找金额数字错记、颠倒、遗漏等会导致借贷双方试算不平衡的记错错误

（2）记账错误更正方法

查找到记账错误后，会计人员应及时对错误进行修改。为了保证账簿的效力，错账更正应采用规范方法，严禁刮擦、挖补、涂改或使用退色药水更改字迹。

一般而言，常用的错账更正方法主要有图 4-6 所示的三种。

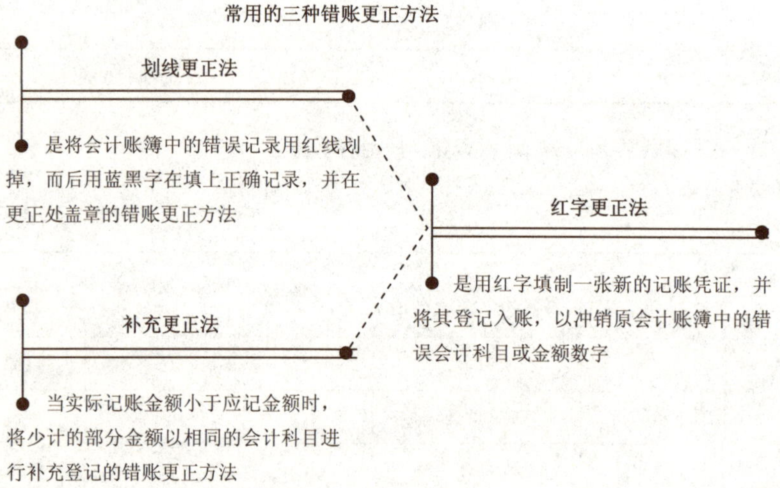

图 4-6　记账错误更正方法

4.4.2　记账错误更正示范

演练　4-10：划线更正法

如表 4-32 所示，为某现金日记账由于记账错误，而使用划线更正法进行更正的示例。

该账页中，2016 年 6 月份的“期初余额”登记出现错误，会计人员在后续账目未登记前及时将错误数字用红线划掉，并在填写了正确数字，同时在一旁加盖了印章。

演练　4-11：红字更正法

如表 4-33～表 4-36 所示，为某银行存款日记账由于记账错误，使用红字更正法进行更正的示例。

表 4-32 现金日记账

第×页

2016 年		凭证		摘要	对方科目	借方	贷方	余额
月	日	种类	号数					
6	1			期初余额			印章	4 500 ~~3 500~~

该账页中 2016 年 7 月 5 日采购办公用品的“管理费用”应记入现金日记账，却错误登记在了银行存款日记账中。会计人员于月末结算时，发现了该错误，用红字填制了一张记账凭证并登记入账（表 4-33、表 4-34），以冲销原错误记录（示例中粗方框代表红字），而后再用蓝字填制一张正确的记账凭证（表 4-35），将该笔业务补记入现金日记账（表4-36）中。

表 4-33 记账凭证 1

字第×号　　　　2016 年 4 月 30 日　　　　附单据数：

摘要	总账科目	明细科目	借方金额	贷方金额
	管理费用		500	
冲销 2016 年 7 月 5 日第×号记账凭证的错误记录	银行存款			500
合计			¥500	¥500

会计主管：×××　记账：×××　出纳：×××　审核：×××　制单：×××

表 4-34 银行存款日记账

第×页

2016 年		凭证		摘要	对方科目	结算凭证		收入（借方）	付出（贷方）	余额
月	日	种类	号数			种类	编号			
7	1			期初余额						87 000
7	3			提取现金备用	库存现金				3 500	83 500
7	5			采购办公用品	管理费用				500	83 000
7	17			收到货款	应收账款			8 600		91 600
7	31			冲销 2016 年 7 月 5 日第×号记账凭证的错误记录	管理费用				500	92 100
				合计				¥8 600	¥3 500	¥92 100

表 4-35　记账凭证 2

字第×号　　2016 年 4 月 30 日　　附单据数：

摘要	总账科目	明细科目	借方金额	贷方金额
	管理费用		500	
补记 7 月 5 日账	库存现金			500
合计			￥500	￥500

会计主管：×××　记账：×××　出纳：×××　审核：×××　制单：×××

表 4-36　现金日记账

第×页

2016 年		凭证		摘要	对方科目	借方	贷方	余额
月	日	种类	号数					
7	1			期初余额				5 500
7	10			支付车间水电费	制造费用		2 000	3 500
7	15			提取现金备用	银行存款	1 000		4 500
7	31			补记 7 月 5 日账	管理费用		500	4 000
				合计		￥1 000	￥2 500	￥4 000

演练　4-12：补充更正法

如下表所示，为某明细分类账由于记账错误，而使用补充更正法进行更正的示例。

该账页中 2016 年 3 月 13 日，甲企业销售给乙企业 A 设备一批，共计 43 000 元。2016 年 3 月 22 日，甲企业收到货款总计 35 000 元，而账簿中却错误记录为 3 500 元。会计人员在月末核算时发现了该错误，于是用蓝字填制了补充记账凭证（表 4-37），将少记的金额登记入账。并将该笔业务补记入明细分类账（表 4-38）中

表 4-37　记账凭证

字第×号　　2016 年 3 月 31 日　　附单据数：

摘要	总账科目	明细科目	借方金额	贷方金额
补充 3 月 22 日×号凭证少记金额	应收账款			31 500
	银行存款		31 500	
合计			￥31 500	￥31 500

会计主管：×××　记账：×××　出纳：×××　审核：×××　制单：×××

表 4-38 明细分类账

总账科目：应收账款 总第×页

明细科目：乙企业 分第×页

2016 年		凭证号	摘要	借方	贷方	借或贷	余额
月	日						
3	1		期初余额			平	0
3	13		销售 A 设备款	43 000		借	43 000
3	22		收到乙企业货款		3 500	借	39 500
3	31		补充 3 月 22 日×号凭证少记金额		31 500	借	8 000
3	31		本月合计	￥43 000	￥35 000	借	￥8 000

Chapter 05

第 5 章

实账演练——企业各项经济业务核算

5.1 资金筹集业务核算演练

5.1.1 投入资本核算

投入资本是指所有者在企业注册资本的范围内实际投入的资本，具体包括货币、实物以及工业产权等无形资本。如下演练了这三类投入资本的具体核算过程，供读者借鉴参考。

演练 5-1: 接受货币资金投资核算

货币资金投资按照货币种类可分为人民币投资和外币资本投资两种情况，其相应的核算记账方法也有所不同，具体演练如下。

① 2016 年 1 月 13 日，甲企业收到乙企业投入的货币资本，共计人民币 800 000 元，并已全部转入甲企业的银行账户。甲企业会计人员依据开户银行的收账通知，对该笔投入资本进行核算，并编制如下会计分录。

借：银行存款		800 000
贷：实收资本——法人资本（乙企业）	800 000	

针对上述业务，甲企业编制的记账凭证如图 5-1 所示。

② 2016 年 2 月 5 日，甲企业收到外商投入的外币资本，共计 100 000 美元。假设当日的实际汇率为 1∶6.1，而双方签订的投资合同中约定的汇率为 1∶6.0，会计人员对该笔投入资本进行核算，并编制如下会计分录。

美元兑换人民币(当日汇率)＝100 000×6.1＝610 000(元)

美元兑换人民币(合同约定汇率)＝100 000×6＝600 000(元)

外币资本折算差额＝610 000－600 000＝10 000(元)

借：银行存款——美元户	610 000	
贷：实收资本——外商资本		600 000
资本公积——外币资本折算差额		10 000

收 款 凭 证

借方科目：银行存款　　　　2016 年 1 月 13 日　　　　银收字第 01 号

摘　要	贷方总账科目	明细科目	√	金额									
				千	百	十	万	千	百	十	元	角	分
收到乙企业投资	实收资本	乙企业				8	0	0	0	0	0	0	0
合　计					¥	8	0	0	0	0	0	0	0

财务主管：×××　　记账：×××　　出纳：×××　　审核：×××　　制单：×××

图 5-1　银行存款收款凭证 1

针对上述业务，甲企业编制的记账凭证如图 5-2 所示。

收 款 凭 证

借方科目：银行存款　　　　2016 年 2 月 5 日　　　　银收字第 02 号

摘　要	贷方总账科目	明细科目	√	金额									
				千	百	十	万	千	百	十	元	角	分
收到外商投资	实收资本	外商资本				6	0	0	0	0	0	0	0
	资本公积	外币资本折算差额					1	0	0	0	0	0	0
合　计					¥	6	1	0	0	0	0	0	0

财务主管：×××　　记账：×××　　出纳：×××　　审核：×××　　制单：×××

图 5-2　银行存款收款凭证 2

同样以 2016 年 2 月 5 日甲企业收到的该笔外币资本投资为例，假设当日的实际汇率为 1∶5.9，而双方签订的投资合同中约定的汇率为 1∶6.0，会计人员对该笔投入资本进行核算，并编制如下会计分录。

美元兑换人民币(当日汇率)＝100 000×5.9＝590 000(元)

美元兑换人民币(合同约定汇率)＝100 000×6＝600 000(元)

外币资本折算差额＝600 000－590 000＝10 000(元)

借：银行存款——美元户	590 000	
资本公积——外币资本折算差额	10 000	
贷：实收资本——外商资本		600 000

针对上述业务，甲企业编制的记账凭证如图 5-3 所示。

收 款 凭 证

借方科目：银行存款　　　　2016年2月5日　　　　银收字第03号

摘　要	贷方总账科目	明细科目	√	金额									
				千	百	十	万	千	百	十	元	角	分
收到外商投资	实收资本	外商资本				5	9	0	0	0	0	0	0
	资本公积	外币资本折算差额					1	0	0	0	0	0	0
合　计					¥	6	0	0	0	0	0	0	0

财务主管：×××　　记账：×××　　出纳：×××　　审核：×××　　制单：×××

图 5-3　银行存款收款凭证 3

演练 5-2：接受实物投资核算

对于厂房、设备、原材料等实物投资，会计人员应按照投资双方协商决定后的价值评估结果进行核算。如下演练了不动产投资、机械设备投资和原材料投资这三种实物投资的核算过程。

① 2016 年 4 月 7 日，甲企业收到乙企业作为资本投入的办公楼一栋，双方经过协商，对该栋办公楼进行价值评估，最终确认价值为 400 000 元。为此，甲企业在投资合同中同意乙企业拥有 5%的股份，甲企业注册资本总额为 6 000 000 元。甲企业会计人员对该笔投入资本进行核算，并编制如下会计分录。

乙企业所占注册资本金额＝6 000 000×5%＝300 000(元)

资本溢价＝400 000－300 000＝100 000(元)

借：固定资产　　400 000
　　贷：实收资本——法人资本（乙企业）　　300 000
　　　　资本公积——资本溢价　　100 000

针对上述业务，甲企业编制的记账凭证如图 5-4 所示。

② 2016 年 3 月 17 日，甲企业收到乙企业作为资本投入的一批机械设备，共计价值 70 000元（不含税价格），专用发票上注明增值税额为 11 900 元。甲企业会计人员对该笔投入资本进行核算，并编制如下会计分录。

借：固定资产　　70 000
　　应交税费——应交增值税（进项税额）　　11 900
　　贷：实收资本——法人资本（乙企业）　　81 900

针对上述业务，甲企业编制的记账凭证如图 5-5 所示。

③ 2016 年 7 月 28 日，甲企业收到乙企业作为资本投入的一批原材料，经评估确认的不含税价格为 60 000 元，专用发票上注明的增值税额为 10 200 元。甲企业的注册资本总额为

记 账 凭 证

字第 01 号　　2016 年 4 月 7 日　　附单据数：

摘　　要	总账科目	二级或明细科目	借方金额	贷方金额
固定资产投资	固定资产		400 000	
	实收资本	法人资本		300 000
	资本公积	资本溢价		100 000
合　　计			400 000	400 000

财务主管：××× 记账：××× 出纳：××× 审核：××× 制单：×××

图 5-4　记账凭证 1

记 账 凭 证

字第 02 号　　2016 年 3 月 17 日　　附单据数：

摘　　要	总账科目	二级或明细科目	借方金额	贷方金额
固定资产投资	固定资产		70 000	
	应交税费	应交增值税（进项税额）	11 900	
	实收资本	法人资本		81 900
合　　计			81 900	81 900

财务主管：××× 记账：××× 出纳：××× 审核：××× 制单：×××

图 5-5　记账凭证 2

500 000 元，乙企业通过投资获得了甲企业 10％的股份。甲企业会计人员对该笔投入资本进行核算，并编制如下会计分录。

乙企业所占注册资本金额＝500 000×10％＝50 000（元）

资本溢价＝60 000＋102 000－50 000＝20 200（元）

借：原材料	60 000	
应交税费——应交增值税（进项税额）	10 200	
贷：实收资本——法人资本（乙企业）		50 000
资本公积——资本溢价		20 200

针对上述业务，甲企业编制的记账凭证如图 5-6 所示。

演练 5-3：接受无形资产投资核算

对于专利权、著作权、商标权、土地使用权等无形资产投资，会计人员同样应以双方协商评估确定的价值进行核算，具体演练如下。

2016 年 6 月 30 日，甲企业取得乙企业的一项专利技术投资，该项专利技术经权威评估机构评估后，确认其价值为 550 000 元。甲企业会计人员对该笔投入资本进行核算，并编制

记 账 凭 证				
字第 03 号		2016年7月28日		附单据数：
摘 要	总账科目	二级或明细科目	借方金额	贷方金额
原材料投资	原材料		60 000	
	应交税费	应交增值税（进项税额）	10 200	
	实收资本	法人资本（乙企业）		50 000
	资本公积	资本溢价		20 200
合 计			70 200	70 200
财务主管：×××	记账：×××	出纳：×××	审核：×××	制单：×××

图 5-6 记账凭证 3

如下会计分录。

借：无形资产——专利技术 550 000
　　贷：实收资本——法人资本（乙企业） 550 000

针对上述业务，甲企业编制的记账凭证如图 5-7 所示。

记 账 凭 证				
字第 01 号		2016年6月30日		附单据数：
摘 要	总账科目	二级或明细科目	借方金额	贷方金额
无形资产投资	无形资产		550 000	
	实收资本	法人资本（乙企业）		550 000
合 计			550 000	550 000
财务主管：×××	记账：×××	出纳：×××	审核：×××	制单：×××

图 5-7 记账凭证

5.1.2 长期借款核算

长期借款是指借款期限在 1 年以上的各种借款。会计人员在核算长期借款时，应当正确处理长期借款的期限、计息方式以及还款方式等。如下演练了长期借款的具体核算过程，供读者借鉴参考。

演练 5-4：

2013 年 2 月 15 日，甲企业为生产经营需要借入期限为三年的长期借款，共计 800 000 元。该笔借款的年利率为 10%，采用单利方式（即生成的利息不加入本金重复计算利息），还款方式为每年支付部分本金及当年全额利息，借款期满后一次偿还全部本金及利息。

① 2013 年 2 月 15 日取得长期借款时，甲企业会计人员对该笔业务进行核算，并编制如

下会计分录。

借：银行存款　　800 000
　　贷：长期借款——本金　　800 000

针对上述业务，甲企业编制的记账凭证如图 5-8 所示。

收　款　凭　证

借方科目：银行存款　　2013 年 2 月 15 日　　银收字第 01 号

摘　要	贷方总账科　目	明细科目	√	金额 千	百	十	万	千	百	十	元	角	分
取得借款	长期借款	本金				8	0	0	0	0	0	0	0
合　计					¥	8	0	0	0	0	0	0	0

财务主管：×××　记账：×××　出纳：×××　审核：×××　制单：×××

图 5-8　银行存款收款凭证

② 2014 年，甲企业通过银行偿还部分借款，包括本金 200 000 元和第一年的应付利息 80 000 元（800 000×10%），剩余借款共计 600 000 元。会计人员对该项经济业务进行核算，并编制如下会计分录。

借：长期借款——本金　　200 000
　　应付利息　　80 000
　　贷：银行存款　　280 000

针对上述业务，甲企业编制的记账凭证如图 5-9 所示。

付　款　凭　证

贷方科目：银行存款　　2014 年 12 月 31 日　　银付字第 01 号

摘　要	借方总账科　目	明细科目	√	金额 千	百	十	万	千	百	十	元	角	分
偿还本金和利息	长期借款	本金				2	0	0	0	0	0	0	0
		应付利息					8	0	0	0	0	0	0
合　计					¥	2	8	0	0	0	0	0	0

财务主管：×××　记账：×××　出纳：×××　审核：×××　制单：×××

图 5-9　银行存款付款凭证 1

③ 2015 年，甲企业通过银行再次偿还部分借款，包括本金 300 000 元和第二年的应付

利息 60 000 元（600 000×10%），剩余借款共计 300 000 元。会计人员对该项经济业务进行核算，并编制如下会计分录。

借：长期借款——本金　　300 000
　　应付利息　　60 000
　　贷：银行存款　　360 000

针对上述业务，甲企业编制的记账凭证如图 5-10 所示。

付　款　凭　证

贷方科目：银行存款　　2015 年 12 月 31 日　　银付字第 02 号

摘　要	借方总账科目	明细科目	√	金额									
				千	百	十	万	千	百	十	元	角	分
偿还本金和利息	长期借款	本金				3	0	0	0	0	0	0	0
		应付利息					6	0	0	0	0	0	0
合　计					¥	3	6	0	0	0	0	0	0

财务主管：×××　记账：×××　出纳：×××　审核：×××　制单：×××

图 5-10　银行存款付款凭证 2

④ 2016 年，长期借款到期后，甲企业一次偿清剩余本金 300 000 元和第三年的应付利息 30 000 元（300 000×10%）。会计人员对该项经济业务进行核算，并编制如下会计分录。

借：长期借款　　300 000
　　应付利息　　30 000
　　贷：银行存款　　330 000

针对上述业务，甲企业编制的记账凭证如图 5-11 所示。

5.1.3　短期借款核算

短期借款是指借款期限在 1 年（含）以下的各种借款。与长期借款一样，短期借款也需支付利息，还款方式可分为按月支付、按季支付、按半年支付和到期一次性还清等方式。如下演练了短期借款的具体核算过程，供读者借鉴参考。

演练　5-5:

2016 年 4 月 10 日，甲企业向某商业银行借款 20 000 元，期限为 3 个月，年利率为 6%，还款方式为每月支付利息，到期一次偿还全部本金和最后一次的利息。

① 2016 年 4 月 10 日取得短期借款时，会计人员核算并编制如下会计分录。

借：银行存款　　20 000
　　贷：短期借款——某商业银行　　20 000

付 款 凭 证

贷方科目：银行存款　　　　2016 年 12 月 31 日　　　　银付字第 03 号

摘 要	借方总账科目	明细科目	√	金额 千	百	十	万	千	百	十	元	角	分
偿还本金和利息	长期借款	本金				3	0	0	0	0	0	0	0
		应付利息					3	0	0	0	0	0	0
合 计					¥	3	3	0	0	0	0	0	0

财务主管：×××　记账：×××　出纳：×××　审核：×××　制单：×××

图 5-11　银行存款付款凭证 3

针对上述业务，甲企业编制的记账凭证如图 5-12 所示。

收 款 凭 证

借方科目：银行存款　　　　2016 年 4 月 10 日　　　　银收字第 01 号

摘 要	贷方总账科目	明细科目	√	金额 千	百	十	万	千	百	十	元	角	分
向银行借款	短期借款	某商业银行					2	0	0	0	0	0	0
合 计					¥		2	0	0	0	0	0	0

财务主管：×××　记账：×××　出纳：×××　审核：×××　制单：×××

图 5-12　银行存款收款凭证

② 2016 年 5 月 9 日，甲企业提取并支付上月利息，共计 100 元（20 000×6%/12）。会计人员对该项经济业务进行核算，并编制如下会计分录。

借：财务费用　　　　100
　　贷：应付利息　　　　100

针对上述业务，甲企业编制的记账凭证如图 5-13 所示。

③ 2016 年 6 月 9 日提取并支付上月利息，共计 100 元（20 000×6%/12）。其分录处理与 5 月份相同。

针对上述业务，甲企业编制的记账凭证如图 5-14 所示。

④ 2016 年 7 月 9 日，甲企业需偿还全部本金和最后一次利息，共计 20 100 元（20 000+100）。会计人员对该项经济业务进行核算，并编制如下会计分录。

记　账　凭　证

字第 01 号　　　　2016年5月9日　　　　附单据数：

摘　要	总账科目	二级或明细科目	借方金额	贷方金额
计提利息	财务费用	利息支出	100	
	应付利息	借款利息		100
合　计			100	100

财务主管：×××　　记账：×××　　出纳：×××　　审核：×××　　制单：×××

图 5-13　记账凭证 1

记　账　凭　证

字第 02 号　　　　2016年6月9日　　　　附单据数：

摘　要	总账科目	二级或明细科目	借方金额	贷方金额
计提利息	财务费用	利息支出	100	
	应付利息	借款利息		100
合　计			100	100

财务主管：×××　　记账：×××　　出纳：×××　　审核：×××　　制单：×××

图 5-14　记账凭证 2

借：短期借款　　　　20 000

　　应付利息　　　　100

　　贷：银行存款　　　　20 100

针对上述业务，甲企业编制的记账凭证如图 5-15 所示。

付　款　凭　证

贷方科目：银行存款　　　　2016年7月9日　　　　银付字第 01 号

摘　要	借方总账科目	明细科目	√	金额：千	百	十	万	千	百	十	元	角	分
偿还本金和利息	短期借款	本金					2	0	0	0	0	0	0
		应付利息							1	0	0	0	0
合　计						¥	2	0	1	0	0	0	0

财务主管：×××　　记账：×××　　出纳：×××　　审核：×××　　制单：×××

图 5-15　银行存款付款凭证

5.2 货币资金业务核算演练

5.2.1 库存现金核算

库存现金是指企业生产经营过程中以货币形态存在的，具有较强流动性的资产。如下演练了库存现金收入、库存现金支出以及库存现金清查这三类库存现金业务的具体核算过程，供读者借鉴参考。

演练 5-6：库存现金收入核算

2016 年 2 月 1 日，甲企业从银行存款中提取 2 000 元现金以备日常开支，会计人员根据有关凭证对该项经济业务进行核算，并编制如下会计分录。

借：库存现金　　2 000
　贷：银行存款　　2 000

针对上述业务，甲企业编制的记账凭证如图 5-16 所示。

记　账　凭　证

字第 01 号　　2016 年 2 月 1 日　　附单据数：

摘　要	总账科目	二级或明细科目	借方金额	贷方金额
提取备用金	库存现金		2 000	
	银行存款			2 000
合　计			2 000	2 000

财务主管：××× 记账：××× 出纳：××× 审核：××× 制单：×××

图 5-16 记账凭证

付　款　凭　证

贷方科目：库存现金　　2016 年 3 月 27 日　　现付字第 01 号

摘　要	借方总账科目	明细科目	√	金额 千	百	十	万	千	百	十	元	角	分
预借差旅费	其他应收款	王某						2	3	0	0	0	0
合　计							¥	2	3	0	0	0	0

财务主管：××× 记账：××× 出纳：××× 审核：××× 制单：×××

图 5-17 现金付款凭证 1

演练 5-7：库存现金支出核算

① 2016 年 3 月 27 日，甲企业员工王某因出差预借差旅费 2 300 元，会计人员根据借款单对该项经济业务进行核算，并编制如下会计分录。

借：其他应收款——王某　　2 300
　　贷：库存现金　　2 300

针对上述业务，甲企业编制的记账凭证如图 5-17 所示。

② 2016 年 4 月 10 日，王某出差归来报销差旅费。假设王某报销差旅费为 2 100 元，会计人员经过核算并编制如下会计分录。

借：管理费用——差旅费　　2 100
　　库存现金　　200
　　贷：其他应收款——王某　　2 300

针对上述业务，甲企业编制的记账凭证如图 5-18 所示。

记　账　凭　证

字第 01 号　　2016 年 4 月 10 日　　附单据数：

摘　要	总账科目	二级或明细科目	借方金额	贷方金额
报销差旅费	管理费用	差旅费	2 100	
	库存现金		200	
	其他应收款	王某		2 300
合　计			2 300	2 300

财务主管：×××　记账：×××　出纳：×××　审核：×××　制单：×××

图 5-18　记账凭证 1

③ 假设王某报销差旅费为 2 500 元，会计人员经过核算并编制如下会计分录。

记　账　凭　证

字第 02 号　　2016 年 4 月 10 日　　附单据数：

摘　要	总账科目	二级或明细科目	借方金额	贷方金额
报销差旅费	管理费用	差旅费	2 500	
	其他应收款	丁某		2 300
	库存现金			200
合　计			2 500	2 500

财务主管：×××　记账：×××　出纳：×××　审核：×××　制单：×××

图 5-19　记账凭证 2

借：管理费用——差旅费　　2 500
　　贷：其他应收款——王某　　2 300
　　　　库存现金　　200

针对上述业务，甲企业编制的记账凭证如图 5-19 所示。

演练 5-8：库存现金清查核算

2016 年 1 月 31 日，甲企业对库存现金进行清查，如下演练了当现金清查发现短缺或溢余两种情况时的核算示范。

① 假设库存现金清查发现短缺 600 元，原因有待查明，会计人员经过核算，并编制如下会计分录。

借：待处理财产损益——待处理流动资产损益　　600
　　贷：库存现金　　600

针对上述业务，甲企业编制的记账凭证如图 5-20 所示。

付　款　凭　证

贷方科目：库存现金　　2016 年 1 月 31 日　　现付字第 02 号

摘　要	借方总账科目	明细科目	√	金额 千	百	十	万	千	百	十	元	角	分
现金短款	待处理财产损益	待处理流动资产损益							6	0	0	0	0
合　计								¥	6	0	0	0	0

财务主管：×××　　记账：×××　　出纳：×××　　审核：×××　　制单：×××

图 5-20　现金付款凭证 2

经查明，库存现金短缺 600 元属于员工吴某应付的罚款。会计人员经过核算，并编制如下会计分录。

借：其他应收款——吴某　　600
　　贷：待处理财产损益——待处理流动资产损益　　600

针对上述业务，甲企业编制的记账凭证如图 5-21 所示。

假设短缺原因无法查明，会计人员应编制如下会计分录。

借：管理费用——现金短缺　　600
　　贷：待处理财产损益——待处理流动资产损益　　600

针对上述业务，甲企业编制的记账凭证如图 5-22 所示。

② 假设库存现金清查发现溢余 500 元，原因有待查明，会计人员经过核算，并编制如

记 账 凭 证

字第 03 号　　　　2016 年 1 月 31 日　　　　附单据数：

摘　要	总账科目	二级或明细科目	借方金额	贷方金额
应收员工罚款	其他应收款	吴某	600	
	待处理财产损益	待处理流动资产损益		600
合　计			600	600

财务主管：×××　记账：×××　出纳：×××　审核：×××　制单：×××

图 5-21　记账凭证 3

记 账 凭 证

字第 04 号　　　　2016 年 1 月 31 日　　　　附单据数：

摘　要	总账科目	二级或明细科目	借方金额	贷方金额
无法查明原因	管理费用	现金短缺	600	
	待处理财产损益	待处理流动资产损益		600
合　计			600	600

财务主管：×××　记账：×××　出纳：×××　审核：×××　制单：×××

图 5-22　记账凭证 4

下会计分录。

借：库存现金　　500

　贷：待处理财产损益——待处理流动资产损益　　500

针对上述业务，甲企业编制的记账凭证如图 5-23 所示。

收 款 凭 证

借方科目：库存现金　　　　2016 年 1 月 31 日　　　　现收字第 01 号

摘　要	贷方总账科目	明细科目	√	千	百	十	万	千	百	十	元	角	分
现金长款	待处理财产损益	待处理流动资产损益							5	0	0	0	0
合　计								¥	5	0	0	0	0

财务主管：×××　记账：×××　出纳：×××　审核：×××　制单：×××

图 5-23　现金收款凭证

经查明，库存现金溢余 500 元属于应当支付给员工李某报销的交通费，会计人员经过核算，并编制如下会计分录。

借：待处理财产损益——待处理流动资产损益 500
　　贷：其他应付款——李某 500

针对上述业务，甲企业编制的记账凭证如图 5-24 所示。

记　账　凭　证

字第 05 号　　2016 年 1 月 31 日　　附单据数：

摘　要	总账科目	二级或明细科目	借方金额	贷方金额
应付给员工李某报销的交通费	待处理财产损益	待处理流动资产损益	500	
	其他应付款	李某		500
合　计			500	500

财务主管：××× 记账：××× 出纳：××× 审核：××× 制单：×××

图 5-24 记账凭证 5

假设短缺原因无法查明，会计人员应编制如下会计分录。

借：待处理财产损益——待处理流动资产损益 500
　　贷：营业外收入 500

针对上述业务，甲企业编制的记账凭证如图 5-25 所示。

记　账　凭　证

字第 02 号　　2016 年 1 月 31 日　　附单据数：

摘　要	总账科目	二级或明细科目	借方金额	贷方金额
应付给员工丙某报销的交通费	待处理财产损益	待处理流动资产损益	500	
	营业外收入			500
合　计			500	500

财务主管：××× 记账：××× 出纳：××× 审核：××× 制单：×××

图 5-25 记账凭证 6

5.2.2 银行存款核算

银行存款是指企业存放在银行和其他金融机构的货币资金。如下演练了银行存款收入和银行存款支出这两类银行存款业务的具体核算过程，供读者借鉴参考。

演练 5-9：银行存款收入核算

2016 年 2 月 7 日，甲企业收到客户偿还的前欠材料款 25 000 元，已存入银行。会计人员经过核算，并编制如下会计分录。

借：银行存款　　　　　　25 000
　　贷：应收账款——材料款　　　　　　25 000

针对上述业务，甲企业编制的记账凭证如图 5-26 所示。

收　款　凭　证

借方科目：银行存款　　　　2016 年 2 月 7 日　　　　银收字第 01 号

摘　要	贷方总账科目	明细科目	√	金额 千	百	十	万	千	百	十	元	角	分
收到前欠材料款	应收账款	材料款					2	5	0	0	0	0	0
合　计						¥	2	5	0	0	0	0	0

财务主管：×××　　记账：×××　　出纳：×××　　审核：×××　　制单：×××

图 5-26　银行存款收款凭证

演练 5-10：银行存款支出核算

2016 年 4 月 10 日，甲企业以银行存款偿还前期的购货款 15 000 元。会计人员经过核算，并编制如下会计分录。

借：应付账款　　　　　　15 000
　　贷：银行存款　　　　　　15 000

针对上述业务，甲企业编制的记账凭证如图 5-27 所示。

5.2.3　其他货币资金核算

其他货币资金即现金、银行存款以外的其他种类的货币资金，包括外埠存款、银行汇票存款、银行本票存款、信用卡存款、信用证保证金存款以及存出投资款等。如下演练了各类其他货币资金的核算过程，供读者借鉴参考。

演练 5-11：外埠存款核算

① 2016 年 3 月 7 日，甲企业需要派遣采购专员到××市采购原材料，故在该市银行开立采购专户，并通过本地银行汇款 30 000 元，以作采购之用。会计人员根据相关凭证对该

付 款 凭 证

贷方科目：银行存款　　　　2016 年 4 月 10 日　　　　银付字第 01 号

摘要	借方总账科目	明细科目	√	金额									
				千	百	十	万	千	百	十	元	角	分
偿还前欠购货款	应付账款	货款					1	5	0	0	0	0	0
合计						¥	1	5	0	0	0	0	0

财务主管：××× 记账：××× 出纳：××× 审核：××× 制单：×××

图 5-27 银行存款付款凭证

项经济业务进行核算，并编制如下会计分录。

借：其他货币资金——外埠存款　　30 000
　　贷：银行存款　　30 000

针对上述业务，甲企业编制的记账凭证如图 5-28 所示。

付 款 凭 证

贷方科目：银行存款　　　　2016 年 3 月 7 日　　　　银付字第 01 号

摘要	借方总账科目	明细科目	√	金额									
				千	百	十	万	千	百	十	元	角	分
办理临时存款账户	其他货币资金	外埠存款					3	0	0	0	0	0	0
合计						¥	3	0	0	0	0	0	0

财务主管：××× 记账：××× 出纳：××× 审核：××× 制单：×××

图 5-28 银行存款付款凭证

② 2016 年 3 月 20 日，采购专员完成采购业务，并提交了材料采购的报销单据，其中材料款 20 000 元，增值税 3 400 元。会计人员根据相关凭证对该项经济业务进行核算，并编制如下会计分录。

借：原材料　　20 000
　　应交税费——应交增值税（进项税额）　　3 400
　　贷：其他货币资金——外埠存款　　23 400

针对上述业务，甲企业编制的记账凭证如图 5-29 所示。

记　账　凭　证

字第 01 号　　　　2016 年 3 月 20 日　　　　附单据数：

摘　要	总账科目	二级或明细科目	借方金额	贷方金额
外埠存款支付材料款	原材料		20 000	
	应交税费	应交增值税（进项税额）	3 400	
	其他货币资金	外埠存款		23 400
合　计			23 400	23 400

财务主管：×××　记账：×××　出纳：×××　审核：×××　制单：×××

图 5-29　记账凭证

③ 2016 年 3 月 25 日，甲企业接到开户银行的收款通知，××市采购专户的余款已全部转回。会计人员根据相关凭证对该项经济业务进行核算，并编制如下会计分录。

借：银行存款　　6 600
　　贷：其他货币资金——外埠存款　　6 600

针对上述业务，甲企业编制的记账凭证如图 5-30 所示。

收　款　凭　证

借方科目：银行存款　　　　2016 年 3 月 25 日　　　　银收字第 01 号

摘　要	贷方总账科目	明细科目	√	金额									
				千	百	十	万	千	百	十	元	角	分
收到某市采购专户余款	其他货币资金	外埠存款						6	6	0	0	0	0
合　计							¥	6	6	0	0	0	0

财务主管：×××　记账：×××　出纳：×××　审核：×××　制单：×××

图 5-30　银行存款收款凭证

演练　5-12：银行汇票存款核算

① 2016 年 4 月 11 日，甲企业填送“银行汇票申请书”，以银行存款 55 000 元办理银行汇票。会计人员根据取得的银行汇票和盖章返还的申请书存根联进行核算，并编制如下会计分录。

借：其他货币资金——银行汇票存款　　55 000
　　贷：银行存款　　55 000

针对上述业务，甲企业编制的记账凭证如图 5-31 所示。

付 款 凭 证

贷方科目：银行存款　　2016 年 4 月 11 日　　银付字第 01 号

摘要	借方总账科目	明细科目	√	金额									
				千	百	十	万	千	百	十	元	角	分
办理银行汇票	其他货币资金	银行汇票存款					5	5	0	0	0	0	0
合计						¥	5	5	0	0	0	0	0

财务主管：×××　记账：×××　出纳：×××　审核：×××　制单：×××

图 5-31　银行存款付款凭证

② 2016 年 4 月 15 日，甲企业使用该张银行汇票采购原材料一批，其中材料款 30 000 元，增值税 5 100 元。会计人员根据增值税专用发票等相关凭证对该项经济业务进行核算，并编制如下会计分录。

借：原材料　　30 000
　　应交税费——应交增值税（进项税额）　　5 100
　　贷：其他货币资金—银行汇票存款　　35 100

针对上述业务，甲企业编制的记账凭证如图 5-32 所示。

记 账 凭 证

字第 01 号　　2016 年 4 月 15 日　　附单据数：

摘要	总账科目	二级或明细科目	借方金额	贷方金额
用银行汇票支付材料款	原材料		30 000	
	应交税费	应交增值税（进项税额）	5 100	
	其他货币资金	银行汇票存款		35 100
合计			35 100	35 100

财务主管：×××　记账：×××　出纳：×××　审核：×××　制单：×××

图 5-32　记账凭证

③ 2016 年 4 月 16 日，甲企业根据多余款收账通知将多余款项收回入账。会计人员根据相关凭证对该项经济业务进行核算，并编制如下会计分录。

借：银行存款　　19 900
　　贷：其他货币资金——银行汇票存款　　19 900

针对上述业务，甲企业编制的记账凭证如图 5-33 所示。

收 款 凭 证

借方科目：银行存款　　　　2016 年 4 月 16 日　　　　银收字第 01 号

摘要	贷方总账科目	明细科目	√	金额									
				千	百	十	万	千	百	十	元	角	分
收到银行汇票多余款项	其他货币资金	银行汇票存款					1	9	9	0	0	0	0
合　计						¥	1	9	9	0	0	0	0

财务主管：××× 　记账：××× 　出纳：××× 　审核：××× 　制单：×××

图 5-33　银行存款收款凭证

演练 5-13：银行本票存款核算

① 2016 年 2 月 13 日，甲企业向银行提交“银行本票申请书”，以银行存款 150 000 元办理银行本票。会计人员根据取得的银行本票和盖章返还的申请书存根联进行核算，并编制如下会计分录。

借：其他货币资金——银行本票存款　　150 000
　　贷：银行存款　　150 000

针对上述业务，甲企业编制的记账凭证如图 5-34 所示。

付 款 凭 证

贷方科目：银行存款　　　　2016 年 2 月 13 日　　　　银付字第 01 号

摘要	借方总账科目	明细科目	√	金额									
				千	百	十	万	千	百	十	元	角	分
办理银行本票	其他货币资金	银行本票存款				1	5	0	0	0	0	0	0
合　计					¥	1	5	5	0	0	0	0	0

财务主管：××× 　记账：××× 　出纳：××× 　审核：××× 　制单：×××

图 5-34　银行存款付款凭证

② 2016 年 2 月 18 日，甲企业使用银行本票购买了 A 设备，价款 100 000 元，增值税 17 000 元。会计人员根据增值税专用发票等相关凭证对该项经济业务进行核算，并编制如下会计分录。

借：固定资产——A 设备　100 000
　　应交税费——应交增值税（进项税额）　17 000
　　贷：其他货币资金——银行本票存款　117 000

针对上述业务，甲企业编制的记账凭证如图 5-35 所示。

记 账 凭 证

字第 01 号　　2016 年 2 月 18 日　　附单据数：

摘　要	总账科目	二级或明细科目	借方金额	贷方金额
用银行本票支付设备款	固定资产	A 设备	100 000	
	应交税费	应交增值税（进项税额）	17 000	
	其他货币资金	银行本票存款		117 000
合　计			117 000	117 000

财务主管：×××　记账：×××　出纳：×××　审核：×××　制单：×××

图 5-35　记账凭证

③ 2016 年 2 月 20 日，收款方将银行本票的多余存款退还给甲企业。会计人员根据相关凭证对该项经济业务进行核算，并编制如下会计分录。

借：银行存款　33 000
　　贷：其他货币资金——银行本票存款　33 000

针对上述业务，甲企业编制的记账凭证如图 5-36 所示。

收 款 凭 证

借方科目：银行存款　　2016 年 2 月 20 日　　银收字第 01 号

摘　要	贷方总账科目	明细科目	√	金额									
				千	百	十	万	千	百	十	元	角	分
收到银行本票多余款项	其他货币资金	银行本票存款					3	3	0	0	0	0	0
合　计						¥	3	3	0	0	0	0	0

财务主管：×××　记账：×××　出纳：×××　审核：×××　制单：×××

图 5-36　银行存款收款凭证

演练 5-14：信用卡存款核算

① 2016 年 5 月 10 日，甲企业开出转账支票 100 000 元，并连同申请表及相关资料，向

银行申请办理信用卡账户。会计人员根据银行盖章退回的进账单第一联对该项经济业务进行核算，并编制如下会计分录。

借：其他货币资金——信用卡存款　　100 000
　　贷：银行存款　　100 000

针对上述业务，甲企业编制的记账凭证如图 5-37 所示。

付　款　凭　证

贷方科目：银行存款　　　2016 年 5 月 10 日　　　银付字第 01 号

摘　要	借方总账科目	明细科目	√	金　额									
				千	百	十	万	千	百	十	元	角	分
办理信用卡账户	其他货币资金	信用卡				1	0	0	0	0	0	0	0
合　计					¥	1	0	0	0	0	0	0	0

财务主管：×××　　记账：×××　　出纳：×××　　审核：×××　　制单：×××

图 5-37　银行存款付款凭证

② 2016 年 5 月 17 日，甲企业使用信用卡支付业务招待费 30 000 元。会计人员根据报销凭证对该项经济业务进行核算，并编制如下会计分录。

借：管理费用——业务招待费　　30 000
　　贷：其他货币资金——信用卡存款　　30 000

针对上述业务，甲企业编制的记账凭证如图 5-38 所示。

记　账　凭　证

字第 01 号　　　2016 年 5 月 17 日　　　附单据数：

摘　要	总账科目	二级或明细科目	借方金额	贷方金额
用信用卡支付业务招待费	管理费用	业务招待费	30 000	
	其他货币资金	信用卡存款		30 000
合　计			30 000	30 000

财务主管：×××　　记账：×××　　出纳：×××　　审核：×××　　制单：×××

图 5-38　记账凭证

演练　5-15：信用证保证金核算

① 2016 年 3 月 14 日，甲企业向银行申请开立信用证账户，并缴纳保证金 600 000 元。

会计人员根据银行盖章退回的进账单第一联对该项经济业务进行核算，并编制如下会计分录。

借：其他货币资金—信用证保证金	600 000	
贷：银行存款		600 000

针对上述业务，甲企业编制的记账凭证如图 5-39 所示。

付 款 凭 证

贷方科目：银行存款　　2016 年 3 月 14 日　　银付字第 01 号

摘要	借方总账科目	明细科目	√	千	百	十	万	千	百	十	元	角	分
开立信用证账户	其他货币资金	信用证保证金				6	0	0	0	0	0	0	0
合计					¥	6	0	0	0	0	0	0	0

财务主管：××× 记账：××× 出纳：××× 审核：××× 制单：×××

图 5-39 银行存款付款凭证

② 2016 年 4 月 15 日，甲企业从境外采购一批原材料，并收到境外供货单位信用证结算凭证及所附发票账单，其中货款为 400 000 元，进项税额为 68 000 元。会计人员根据相关凭证对该项经济业务进行核算，并编制如下会计分录。

借：原材料	400 000	
应交税费——应交增值税（进项税额）	68 000	
贷：其他货币资金——信用证保证金		468 000

针对上述业务，甲企业编制的记账凭证如图 5-40 所示。

记 账 凭 证

字第 01 号　　2016 年 4 月 15 日　　附单据数：

摘要	总账科目	二级或明细科目	借方金额	贷方金额
用信用证保证金支付材料款	原材料		400 000	
	应交税费	应交增值税（进项税额）	6 8000	
	其他货币资金	信用证保证金		468 000
合计			468 000	468 000

财务主管：××× 记账：××× 出纳：××× 审核：××× 制单：×××

图 5-40 记账凭证

③ 2016 年 4 月 20 日，企业收到未用完的信用证存款余额。会计人员根据相关凭证对该项经济业务进行核算，并编制如下会计分录。

借：银行存款　　　　　　　　　　　　　　　132 000
　　贷：其他货币资金——信用证保证金　　　　　　　132 000

针对上述业务，甲企业编制的记账凭证如图 5-41 所示。

收　款　凭　证

借方科目：银行存款　　　　2016 年 2 月 20 日　　　　银收字第 01 号

摘　要	贷方总账科目	明细科目	√	金额									
				千	百	十	万	千	百	十	元	角	分
收回信用证存款余款	其他货币资金	信用证保证金				1	3	2	0	0	0	0	0
合　计					¥	1	3	2	0	0	0	0	0

财务主管：×××　　记账：×××　　出纳：×××　　审核：×××　　制单：×××

图 5-41　银行存款收款凭证

演练 5-16：存出投资款核算

① 2016 年 5 月 15 日，甲企业向证券公司划出投资款 960 000 元。会计人员根据相关凭证对该项经济业务进行核算，并编制如下会计分录。

借：其他货币资金——存出投资款　　　　　　960 000
　　贷：银行存款　　　　　　　　　　　　　　　960 000

针对上述业务，甲企业编制的记账凭证如图 5-42 所示。

付　款　凭　证

贷方科目：银行存款　　　　2016 年 5 月 15 日　　　　银付字第 01 号

摘　要	借方总账科目	明细科目	√	金额									
				千	百	十	万	千	百	十	元	角	分
向证券公司划出资金	其他货币资金	存出投资款				9	6	0	0	0	0	0	0
合　计					¥	9	6	0	0	0	0	0	0

财务主管：×××　　记账：×××　　出纳：×××　　审核：×××　　制单：×××

图 5-42　银行存款付款凭证

② 2016 年 5 月 20 日，甲企业通过证券公司购买乙企业一批债券，其公允价值和实际支付价款均为 700 000 元。会计人员根据相关凭证对该项经济业务进行核算，并编制如下会计分录。

借：交易性金融资产　700 000
　贷：其他货币资金——存出投资款　700 000

针对上述业务，甲企业编制的记账凭证如图 5-43 所示。

记　账　凭　证

字第 01 号　2016 年 5 月 20 日　附单据数：

摘　要	总账科目	二级或明细科目	借方金额	贷方金额
购买乙企业债券	交易性金融资产		700 000	
	其他货币资金	存出投资款		700 000
合　计			700 000	700 000

财务主管：×××　记账：×××　出纳：×××　审核：×××　制单：×××

图 5-43　记账凭证

5.3 企业存货事项核算演练

存货是企业生产经营过程中持有以备出售的产品、半成品以及生产过程或提供劳务过程中耗用的材料、物料等，具体包括原材料、在产品、半成品、产成品、库存商品、周转材料以及委托加工物资等。

5.3.1 原材料核算

“原材料”科目属于资产类科目，本科目借方核算企业增加的各种材料的实际成本，贷方核算减少的原材料的实际成本，期末余额在借方，反映企业库存原材料的实际成本。如下演练了关于原材料的各类经济业务的核算过程，供读者借鉴参考。

演练 5-17：外购原材料核算

① 2016 年 3 月 7 日，甲企业从乙企业购进原材料一批，价款 30 000 元，增值税额为 5 100元，款项已通过银行支付，但材料尚未收到。会计人员根据相关凭证对该项经济业务进行核算，并编制如下会计分录。

借：在途物资——乙企业　30 000
　应交税费——应交增值税（进项税额）　5 100
　贷：银行存款　35 100

针对上述业务，甲企业编制的记账凭证如图 5-44 所示。

付 款 凭 证

贷方科目：银行存款　　　　2016年3月7日　　　　银付字第01号

摘要	借方总账科目	明细科目	√	金额									
				千	百	十	万	千	百	十	元	角	分
购入材料	原材料						3	0	0	0	0	0	0
	应交税费	应交增值税（进项税额）						5	1	0	0	0	0
						¥	3	5	1	0	0	0	0

财务主管：×××　　记账：×××　　出纳：×××　　审核：×××　　制单：×××

图5-44　银行存款付款凭证

② 2016年3月10日，该批材料全部送达指定交货点，并完成验收入库手续。会计人员根据相关凭证对该项经济业务进行核算，并编制如下会计分录。

借：原材料　　　　30 000

　　贷：在途物资——乙企业　　　　30 000

针对上述业务，甲企业编制的记账凭证如图5-45所示。

记 账 凭 证

字第01号　　　　2016年3月10日　　　　附单据数：

摘要	总账科目	二级或明细科目	借方金额	贷方金额
原材料验收入库	原材料		30 000	
	在途物资	乙企业		30 000
合计			1 000	1 000

财务主管：×××　　记账：×××　　出纳：×××　　审核：×××　　制单：×××

图5-45　记账凭证

演练 5-18：自制原材料核算

2016年5月17日，甲企业自制原材料一批，生产过程中的实际成本共计55 000元，并于5月20日全部验收入库。会计人员根据相关凭证对该项经济业务进行核算，并编制如下会计分录。

借：原材料　　　　55 000

　　贷：生产成本　　　　55 000

针对上述业务，甲企业编制的记账凭证如图5-46所示。

记 账 凭 证

字第 01 号　　2016 年 5 月 17　　附单据数：

摘　要	总账科目	二级或明细科目	借方金额	贷方金额
自制原材料	原材料		55 000	
	生产成本			55 000
合　计			55 000	55 000

财务主管：××× 记账：××× 出纳：××× 审核：××× 制单：×××

图 5-46　记账凭证

演练 5-19：领用原材料核算

2016 年 7 月 25 日，甲企业生产部门领用原材料一批用以投入生产，共计 7 000 元。会计人员根据相关凭证对该项经济业务进行核算，并编制如下会计分录。

借：生产成本　　7 000

　贷：原材料　　7 000

针对上述业务，甲企业编制的记账凭证如图 5-47 所示。

记 账 凭 证

字第 01 号　　2016 年 7 月 25 日　　附单据数：

摘　要	总账科目	二级或明细科目	借方金额	贷方金额
领用原材料	生产成本		7 000	
	原材料			7 000
合　计			7 000	7 000

财务主管：××× 记账：××× 出纳：××× 审核：××× 制单：×××

图 5-47　记账凭证

演练 5-20：销售原材料核算

① 2016 年 6 月 24 日，甲企业向外销售不需用的原材料一批，售价 20 000 元，增值税额为 3 400 元。会计人员根据相关凭证对该项经济业务进行核算，并编制如下会计分录。

借：银行存款　　23 400

　贷：其他业务收入——材料销售　　20 000

　　应交税费——应交增值税（销项税额）　　3 400

针对上述业务，甲企业编制的记账凭证如图 5-48 所示。

收　款　凭　证

借方科目：银行存款　　　　2016年6月24日　　　　银收字第01号

摘　要	贷方总账科目	明细科目	√	千	百	十	万	千	百	十	元	角	分
向外销售不需用的原材料	其他业务收入	材料销售					2	0	0	0	0	0	0
	应交税费	应交增值税（销项税额）						3	4	0	0	0	0
合　计						¥	2	3	4	0	0	0	0

财务主管：×××　　记账：×××　　出纳：×××　　审核：×××　　制单：×××

图 5-48　银行存款收款凭证

② 经核算销售的原材料实际成本为 21 000 元，会计人员应编制如下会计分录。

借：其他业务成本——材料销售　　21 000
　　贷：原材料　　21 000

针对上述业务，甲企业编制的记账凭证如图 5-49 所示。

记　账　凭　证

字第 01 号　　　　2016年6月24日　　　　附单据数：

摘　要	总账科目	二级或明细科目	借方金额	贷方金额
成本核算	其他业务成本	材料销售	21 000	
	原材料			21 000
合　计			21 000	21 000

财务主管：×××　　记账：×××　　出纳：×××　　审核：×××　　制单：×××

图 5-49　记账凭证

演练 5-21：原材料委托加工核算

① 2016 年 5 月 27 日，甲企业将一批价值 10 000 元的原材料 A，委托给乙企业加工为原材料 B。会计人员根据相关凭证对该项经济业务进行核算，并编制如下会计分录。

借：委托加工物资　　10 000
　　贷：原材料——A　　10 000

针对上述业务，甲企业编制的记账凭证如图 5-50 所示。

记　账　凭　证

字第 01 号　　　　2016 年 5 月 27 日　　　　附单据数：

摘　要	总账科目	二级或明细科目	借方金额	贷方金额
将材料 A 委托给乙企业加工	委托加工物资		10 000	
	原材料	原材料 A		10 000
合　计			10 000	10 000

财务主管：××× 记账：××× 出纳：××× 审核：××× 制单：×××

图 5-50 记账凭证 1

② 2016 年 6 月 10 日，甲企业按合同约定向乙企业支付加工费 5 000 元，增值税额为 850 元。会计人员根据相关凭证对该项经济业务进行核算，并编制如下会计分录。

借：委托加工物资　　5 000
　　应交税费——应交增值税（进项税额）　　850
　　贷：银行存款　　5 850

针对上述业务，甲企业编制的记账凭证如图 5-51 所示。

付　款　凭　证

贷方科目：银行存款　　　　2016 年 6 月 10 日　　　　银付字第 01 号

摘　要	借方总账科目	明细科目	√	金额									
				千	百	十	万	千	百	十	元	角	分
支付给乙企业加工费	委托加工物资							5	0	0	0	0	0
	应交税费	应交增值税（进项税额）							8	5	0	0	0
							¥	5	8	5	0	0	0

财务主管：××× 记账：××× 出纳：××× 审核：××× 制单：×××

图 5-51 银行存款付款凭证

③ 2016 年 6 月 15 日，原材料加工完毕，甲企业收到加工后的原材料 B，并将其验收入库。会计人员根据相关凭证对该项经济业务进行核算，并编制如下会计分录。

借：原材料——B　　15 000
　　贷：委托加工物资　　15 000

针对上述业务，甲企业编制的记账凭证如图 5-52 所示。

记　账　凭　证

字第 02 号　　2016年6月15日　　附单据数：

摘　　要	总账科目	二级或明细科目	借方金额	贷方金额
B材料验收入库	原材料	B材料	15 000	
	委托加工物资			15 000
合　　计			15 000	15 000

财务主管：×××　记账：×××　出纳：×××　审核：×××　制单：×××

图 5-52　记账凭证 2

演练 5-22：投资者投入原材料核算

2016 年 2 月 17 日，甲企业收到乙企业作为资本投入的原材料一批，经双方协商评估，其价值为 800 000 元，增值税额为 136 000 元。依照投资合同约定，乙企业将获得甲企业 10%的股份，而甲企业的注册资本总额为 7 000 000 元。会计人员根据相关凭证对该项经济业务进行核算，并编制如下会计分录。

乙企业取得的甲企业的注册资本金额＝7 000 000×10%＝700 000(元)

资本溢价＝800 000＋136 000－700 000＝236 000(元)

借：原材料　　800 000
　　应交税费——应交增值税（进项税额）　　136 000
　贷：实收资本——法人资本（乙企业）　　700 000
　　　资本公积——资本溢价　　236 000

针对上述业务，甲企业编制的记账凭证如图 5-53 所示。

记　账　凭　证

字第 01 号　　2016年2月17日　　附单据数：

摘　　要	总账科目	二级或明细科目	借方金额	贷方金额
投资者投入原材料	原材料		800 000	
	应交税金	应交增值税（进项税额）	136 000	
	实收资本	法人资本(乙企业)		700 000
	资本公积	资本溢价		236 000
合　　计			936 000	936 000

财务主管：×××　记账：×××　出纳：×××　审核：×××　制单：×××

图 5-53　记账凭证

5. 3. 2 库存商品核算

库存商品是指企业库存的各种外购、自制以及加工商品。如下演练了库存商品收入与发出的具体核算过程，供读者借鉴参考。

演练 5-23：库存商品收入核算

① 2016 年 2 月 1 日，甲企业将上月生产完成的产成品按实际成本 650 000 元验收入库。会计人员根据相关凭证对该项经济业务进行核算，并编制如下会计分录。

借：库存商品 650 000
　贷：生产成本 650 000

针对上述业务，甲企业编制的记账凭证如图 5-54 所示。

记　账　凭　证

字第 01 号　　2016 年 2 月 1 日　　附单据数：

摘　要	总账科目	二级或明细科目	借方金额	贷方金额
产成品验收入库	库存商品		650 000	
	生产成本			650 000
合　计			650 000	650 000

财务主管：××× 记账：××× 出纳：××× 审核：××× 制单：×××

图 5-54　记账凭证

② 2016 年 3 月 2 日，甲企业从乙企业购进一批商品，商品的实际成本为 30 000 元，增值税额为 5 100 元。货款已通过银行支付，商品也全部验收入库。会计人员根据相关凭证对该项经济业务进行核算，并编制如下会计分录。

付　款　凭　证

贷方科目：银行存款　　2016 年 3 月 2 日　　银付字第 01 号

摘　要	借方总账科　目	明细科目	√	金　额									
				千	百	十	万	千	百	十	元	角	分
购进商品	库存商品						3	0	0	0	0	0	0
	应交税费	应交增值税（进项税额）						5	1	0	0	0	0
						¥	3	5	1	0	0	0	0

财务主管：××× 记账：××× 出纳：××× 审核：××× 制单：×××

图 5-55　银行存款付款凭证

借：库存商品　　30 000
　　应交税费——应交增值税（进项税额）　　5 100
　　贷：银行存款　　35 100

针对上述业务，甲企业编制的记账凭证如图 5-55 所示。

③ 2016 年 3 月 22 日，甲企业委托乙企业加工一批商品，实际成本为 150 000 元，加工商品全部验收入库，设定售价为 200 000 元。会计人员根据相关凭证对该项经济业务进行核算，并编制如下会计分录。

借：库存商品　　200 000
　　贷：委托加工物资　　150 000
　　　　商品进销差价　　50 000

针对上述业务，甲企业编制的记账凭证如图 5-56 所示。

记　账　凭　证

字第 02 号　　2016 年 3 月 22 日　　附单据数：

摘　要	总账科目	二级或明细科目	借方金额	贷方金额
委托加工商品入库	库存商品		200 000	
	委托加工物资			150 000
	商品进销差价			50 000
合　计			200 000	200 000

财务主管：××× 记账：××× 出纳：××× 审核：××× 制单：×××

图 5-56　记账凭证

演练 5-24：库存商品发出核算

① 2016 年 2 月 10 日，甲企业向外销售库存商品一批，共计价款 300 000 元，增值税额为 51 000 元。会计人员根据相关凭证对该项经济业务进行核算，并编制如下会计分录。

借：银行存款　　351 000
　　贷：主营业务收入　　300 000
　　　　应交税费——应交增值税（销项税额）　　51 000

针对上述业务，甲企业编制的记账凭证如图 5-57 所示。

② 经核算销售的库存商品实际成本为 280 000 元，会计人员编制如下会计分录。

借：主营业务成本　　280 000
　　贷：库存商品　　280 000

针对上述业务，甲企业编制的记账凭证如图 5-58 所示。

收 款 凭 证

借方科目：银行存款　　2016 年 2 月 10 日　　银收字第 01 号

摘　要	贷方总账科目	明细科目	√	金额									
				千	百	十	万	千	百	十	元	角	分
销售库存商品	主营业务收入					3	0	0	0	0	0	0	0
	应交税费	应交增值税（销项税额）					5	1	0	0	0	0	0
合　计					¥	3	5	1	0	0	0	0	0

财务主管：×××　记账：×××　出纳：×××　审核：×××　制单：×××

图 5-57　银行存款收款凭证

记 账 凭 证

字第 01 号　　2016 年 2 月 10 日　　附单据数：

摘　要	总账科目	二级或明细科目	借方金额	贷方金额
提取生产成本	主营业务成本		280 000	
	库存商品			280 000
合　计			280 000	280 000

财务主管：×××　记账：×××　出纳：×××　审核：×××　制单：×××

图 5-58　记账凭证

5.3.3 周转材料核算

周转材料具有能够多次使用的性质，企业在核算周转材料时，应根据其特性采用合适的摊销方法。如下演练采用一次摊销法、五五摊销法、分次摊销法三种方法时周转材料的具体核算过程，供读者借鉴参考。

演练 5-25：采用一次摊销法对周转材料进行核算

① 2016 年 3 月 1 日，甲企业从外部购入周转材料一批，共计 10 000 元，增值税额为 1 700元，货款已全额支付。会计人员根据相关凭证对该项经济业务进行核算，并编制如下会计分录。

借：周转材料　　10 000
　　应交税费——应交增值税（进项税额）　　1 700
　　贷：银行存款　　11 700

针对上述业务，甲企业编制的记账凭证如图 5-59 所示。

付 款 凭 证

贷方科目：银行存款　　2016 年 3 月 1 日　　银付字第 01 号

摘　要	借方总账科目	明细科目	√	金额 千	百	十	万	千	百	十	元	角	分
购入周转材料	周转材料						1	0	0	0	0	0	0
	应交税费	应交增值税（进项税额）						1	7	0	0	0	0
合　计						¥	1	1	7	0	0	0	0

财务主管：×××　记账：×××　出纳：×××　审核：×××　制单：×××

图 5-59　银行存款付款凭证

② 2016 年 3 月 15 日，甲企业将该批周转材料全部投入 A 产品的生产中。由于该批周转材料属于低值易耗品，会计人员采用一次摊销法进行核算，并编制如下会计分录。

借：生产成本——A 产品　　10 000

　　贷：周转材料　　10 000

针对上述业务，甲企业编制的记账凭证如图 5-60 所示。

记 账 凭 证

字第 01 号　　2016 年 3 月 15 日　　附单据数：

摘　要	总账科目	二级或明细科目	借方金额	贷方金额
领用材料	生产成本	A 产品	10 000	
	周转材料			10 000
合　计			10 000	10 000

财务主管：×××　记账：×××　出纳：×××　审核：×××　制单：×××

图 5-60　记账凭证

演练　5-26：采用五五摊销法对周转材料进行核算

① 2016 年 4 月 5 日，甲企业取出一批库存周转材料，共计 8 000 元。会计人员根据相关凭证对该项经济业务进行核算，并编制如下会计分录。

借：周转材料（在用）　　8 000

　　贷：周转材料（在库）　　8 000

针对上述业务，甲企业编制的记账凭证如图 5-61 所示。

记　账　凭　证

字第 01 号　　2016 年 4 月 5 日　　附单据数：

摘　要	总账科目	二级或明细科目	借方金额	贷方金额
分配周转材料	周转材料	在用	8 000	
	周转材料	在库		8 000
合　计			8 000	8 000

财务主管：××× 记账：××× 出纳：××× 审核：××× 制单：×××

图 5-61　记账凭证 1

② 2016 年 4 月 6 日，取出的周转材料经检验后，分配给销售部门使用。会计人员依据该批周转材料的特性采用五五摊销法对该批周转材料进行核算，并编制如下会计分录。

借：销售费用　　4 000
　　贷：周转材料（摊销）　　4 000

针对上述业务，甲企业编制的记账凭证如图 5-62 所示。

记　账　凭　证

字第 02 号　　2016 年 4 月 6 日　　附单据数：

摘　要	总账科目	二级或明细科目	借方金额	贷方金额
摊销周转材料	销售费用		4 000	
	周转材料	摊销		4 000
合　计			4 000	4 000

财务主管：××× 记账：××× 出纳：××× 审核：××× 制单：×××

图 5-62　记账凭证 2

③ 2016 年 4 月 20 日，该批周转材料使用完毕后报废，并回收残料价值 1 000 元。会计人员根据相关凭证对该项经济业务进行核算，并编制如下会计分录。

借：原材料　　1 000
　　销售费用　　3 000
　　贷：周转材料（摊销）　　4 000

针对上述业务，甲企业编制的记账凭证如图 5-63 所示。

演练 5-27：采用分次摊销法进行周转材料进行核算

① 假设还是【演练 5-26】中分配给销售部门周转材料，会计人员依据其性质采用分次摊销法进行核算，预计使用 4 次，则每次使用计算摊销额为 2 000 元，编制如下会计分录。

记 账 凭 证

字第 03 号　　2016年4月20日　　附单据数：

摘　　要	总账科目	二级或明细科目	借方金额	贷方金额
摊销周转材料	原材料		1 000	
	销售费用		3 000	
	周转材料	摊销		4 000
合　计			4 000	4 000

财务主管：××× 记账：××× 出纳：××× 审核：××× 制单：×××

图 5-63　记账凭证 3

借：销售费用　　2 000
　　贷：周转材料（摊销）　　2 000

针对上述业务，甲企业编制的记账凭证如图 5-64 所示。

记 账 凭 证

字第 03 号　　2016年4月6日　　附单据数：

摘　　要	总账科目	二级或明细科目	借方金额	贷方金额
分配周转材料	销售费用		2 000	
	周转材料	摊销		2 000
合　计			2 000	2 000

财务主管：××× 记账：××× 出纳：××× 审核：××× 制单：×××

图 5-64　记账凭证 1

② 4 次使用完毕后，会计人员编制如下会计分录。

记 账 凭 证

字第 02 号　　2016年4月20日　　附单据数：

摘　　要	总账科目	二级或明细科目	借方金额	贷方金额
摊销周转材料	周转材料	摊销	8 000	
	周转材料	在用		8 000
合　计			8 000	8 000

财务主管：××× 记账：××× 出纳：××× 审核：××× 制单：×××

图 5-65　记账凭证 2

借：周转材料（摊销）　　8 000
　　贷：周转材料（在用）　　8 000

针对上述业务，甲企业编制的记账凭证如图 5-65 所示。

5.4 固定资产业务核算演练

5.4.1 固定资产增加核算

固定资产的增加一般包括企业购入固定资产、企业自行建造固定资产、外部投入固定资产以及外部捐赠固定资产四种情况，如下分别演练这四种情况的核算过程，供读者借鉴参考。

演练 5-28：企业购入固定资产核算

① 2016 年 7 月 2 日，甲企业购入设备一批，无需安装，价款 300 000 元，专用发票注明的增值税额为 51 000 元。会计人员根据相关凭证对该项经济业务进行核算，并编制如下会计分录。

借：固定资产　　300 000
　　应交税费——应交增值税（进项税额）　　51 000
　　贷：银行存款　　351 000

针对上述业务，甲企业编制的记账凭证如图 5-66 所示。

付 款 凭 证

贷方科目：银行存款　　　　2016 年 7 月 2 日　　　　银付字第 01 号

摘要	借方总账科目	明细科目	√	金额									
				千	百	十	万	千	百	十	元	角	分
购入设备	固定资产					3	0	0	0	0	0	0	0
	应交税费	应交增值税（进项税额）					5	1	0	0	0	0	0
					¥	3	5	1	0	0	0	0	0

财务主管：×××　　记账：×××　　出纳：×××　　审核：×××　　制单：×××

图 5-66　银行存款付款凭证 1

② 2016 年 8 月 10 日，甲企业购入一批需要安装的设备，价款 10 000 元，专用发票注明的增值税额为 1 700 元。会计人员根据相关凭证对该项经济业务进行核算，并编制如下会计分录。

借：在建工程　　10 000
　　应交税费——应交增值税（进项税额）　　1 700
　　贷：银行存款　　11 700

针对上述业务，甲企业编制的记账凭证如图 5-67 所示。

付　款　凭　证

贷方科目：银行存款　　2016 年 8 月 10 日　　银付字第 01 号

摘　要	借方总账科目	明细科目	√	金　额									
				千	百	十	万	千	百	十	元	角	分
购入设备	在建工程						1	0	0	0	0	0	0
	应交税费	应交增值税（进项税额）						1	7	0	0	0	0
合　计						¥	1	1	7	0	0	0	0

财务主管：×××　记账：×××　出纳：×××　审核：×××　制单：×××

图 5-67　银行存款付款凭证 2

为安装该批设备，企业支付了 1 000 元安装费，会计人员根据相关凭证对该项经济业务进行核算，并编制如下会计分录。

借：在建工程　　1 000
　　贷：银行存款　　1 000

针对上述业务，甲企业编制的记账凭证如图 5-68 所示。

付　款　凭　证

贷方科目：银行存款　　2016 年 8 月 10 日　　银付字第 02 号

摘　要	借方总账科目	明细科目	√	金　额									
				千	百	十	万	千	百	十	元	角	分
支付安装费	在建工程							1	0	0	0	0	0
合　计							¥	1	0	0	0	0	0

财务主管：×××　记账：×××　出纳：×××　审核：×××　制单：×××

图 5-68　银行存款付款凭证 3

设备安装完毕并交付使用后，会计人员根据相关凭证对该项经济业务进行核算，并编制如下会计分录。

借：固定资产　　11 000
　　贷：在建工程　　11 000

针对上述业务，甲企业编制的记账凭证如图 5-69 所示。

记　账　凭　证

字第 01 号　　2016 年 8 月 10 日　　附单据数：

摘　要	总账科目	二级或明细科目	借方金额	贷方金额
设备交付使用	固定资产		11 000	
	在建工程			11 000
合　计			11 000	11 000

财务主管：××× 记账：××× 出纳：××× 审核：××× 制单：×××

图 5-69 记账凭证

演练 5-29：企业自行建造固定资产核算

① 2016 年 5 月 13 日，甲企业新建办公楼一栋，并向承包单位预付工程款 800 000 元。会计人员根据相关凭证对该项经济业务进行核算，并编制如下会计分录。

借：在建工程　　800 000
　　贷：银行存款　　800 000

针对上述业务，甲企业编制的记账凭证如图 5-70 所示。

付　款　凭　证

贷方科目：银行存款　　2016 年 5 月 13 日　　银付字第 01 号

摘　要	借方总账科目	明细科目	√	金额 千	百	十	万	千	百	十	元	角	分
预付工程款	在建工程					8	0	0	0	0	0	0	0
合　计					¥	8	0	0	0	0	0	0	0

财务主管：××× 记账：××× 出纳：××× 审核：××× 制单：×××

图 5-70 银行存款付款凭证 1

② 2016 年 7 月 25 日，工程完工并通过验收，甲企业收到承包单位的账单，共计 850 000元，为此甲企业通过银行补付了工程款 50 000 元。会计人员根据相关凭证对该项经济业务进行核算，并编制如下会计分录。

借：在建工程　　　　　　　　　　50 000
　　贷：银行存款　　　　　　　　　　50 000

针对上述业务，甲企业编制的记账凭证如图 5-71 所示。

付　款　凭　证

贷方科目：银行存款　　　　2016 年 7 月 25 日　　　　银付字第 02 号

摘　要	借方总账科目	明细科目	√	金额									
				千	百	十	万	千	百	十	元	角	分
预付工程款	在建工程						5	0	0	0	0	0	0
合　计						¥	5	0	0	0	0	0	0

财务主管：×××　　记账：×××　　出纳：×××　　审核：×××　　制单：×××

图 5-71　银行存款付款凭证 2

③ 2016 年 7 月 26 日，办理竣工决算手续后，会计人员根据相关凭证对该项经济业务进行核算，并编制如下会计分录。

借：固定资产　　　　　　　　　　850 000
　　贷：在建工程　　　　　　　　　　850 000

针对上述业务，甲企业编制的记账凭证如图 5-72 所示。

记　账　凭　证

字第 01 号　　　　2016 年 7 月 26 日　　　　附单据数：

摘　要	总账科目	二级或明细科目	借方金额	贷方金额
办理竣工决算	固定资产		850 000	
	在建工程			850 000
合　计			850 000	850 000

财务主管：×××　　记账：×××　　出纳：×××　　审核：×××　　制单：×××

图 5-72　记账凭证

演练　5-30：外部投入固定资产核算

2016 年 4 月 19 日，甲企业收到乙企业作为投入资本的设备一批，价款 100 000 元，专用发票注明的增值税额为 17 000 元。甲企业的注册资本总额为 900 000 元，乙企业通过投资获得了甲企业 10%的股份。会计人员根据相关凭证对该项经济业务进行核算，并编制如下会计分录。

借：固定资产　　100 000
　　应交税费——应交增值税（进项税额）　　17 000
　贷：实收资本——法人资本（乙企业）　　90 000
　　　资本公积——资本溢价　　27 000

针对上述业务，甲企业编制的记账凭证如图 5-73 所示。

记　账　凭　证

字第 01 号　　2016 年 4 月 19 日　　附单据数：

摘　　要	总账科目	二级或明细科目	借方金额	贷方金额
乙企业投入固定资产	固定资产		100 000	
	应交税费	应交增值税（进项税额）	17 000	
	实收资本	法人资本（乙企业）		90 000
	资本公积	资本溢价		27 000
合　计			117 000	117 000

财务主管：×××　记账：×××　出纳：×××　审核：×××　制单：×××

图 5-73　记账凭证

演练 5-31：外部捐赠固定资产核算

2016 年 6 月 11 日，为表彰甲企业对当地经济发展的贡献，当地政府捐赠一栋办公楼给甲企业，经价值评估确认为 500 000 元。会计人员根据相关凭证对该项经济业务进行核算，并编制如下会计分录。

借：固定资产　　500 000
　贷：营业外收入　　500 000

针对上述业务，甲企业编制的记账凭证如图 5-74 所示。

记　账　凭　证

字第 01 号　　2016 年 6 月 11 日　　附单据数：

摘　　要	总账科目	二级或明细科目	借方金额	贷方金额
外部捐赠	固定资产		500 000	
	营业外收入			500 000
合　计			500 000	500 000

财务主管：×××　记账：×××　出纳：×××　审核：×××　制单：×××

图 5-74　记账凭证

5.4.2 固定资产折旧核算

固定资产在使用过程中部分价值发生了转移，企业应对所有固定资产计提折旧，以真实反映固定资产在当期生产中的转移价值。如下演练了固定资产折旧的具体核算过程，供读者借鉴参考。

演练 5-32:

2016 年 3 月 31 日，甲企业计提生产设备的当月折旧。生产设备的原价值为 500 000 元，月折旧率为 0.4%，经计算当月折旧额为 2 000 元。会计人员根据相关凭证对该项经济业务进行核算，并编制如下会计分录。

借：生产成本　　2 000
　贷：累计折旧　　2 000

针对上述业务，甲企业编制的记账凭证如图 5-75 所示。

记　账　凭　证

字第 01 号　　2016 年 3 月 31 日　　附单据数：

摘　要	总账科目	二级或明细科目	借方金额	贷方金额
生产设备计提折旧	生产成本		2 000	
	累计折旧			2 000
合　计			2 000	2 000

财务主管：×××　记账：×××　出纳：×××　审核：×××　制单：×××

图 5-75　记账凭证

5.4.3 固定资产减少核算

固定资产减少一般包括固定资产报废、向外捐赠固定资产、对外出售固定资产以及对外投资固定资产四种情况，如下分别演练了这四种情况的核算过程，供读者借鉴参考。

演练 5-33: 固定资产报废核算

① 2016 年 3 月 17 日，甲企业因生产事故导致部分生产设备损毁严重，经技术鉴定已无使用价值。该批生产设备原值为 10 000 元，已提折旧 3 000 元，已提减值准备 1 500 元。会计人员根据相关凭证对该项经济业务进行核算，并编制如下会计分录。

借：固定资产清理　　5 500
　　累计折旧　　3 000
　　固定资产减值准备　　1 500
　贷：固定资产　　10 000

针对上述业务，甲企业编制的记账凭证如图 5-76 所示。

记 账 凭 证

字第 01 号　　2016 年 3 月 17 日　　附单据数：

摘　要	总账科目	二级或明细科目	借方金额	贷方金额
报废机器	固定资产清理		5 500	
	累计折旧		3 000	
	固定资产减值准备		1 500	
	固定资产			10 000
合　计			10 000	10 000

财务主管：××× 记账：××× 出纳：××× 审核：××× 制单：×××

图 5-76　记账凭证 1

② 会计人员针对该批生产设备结转报废损失，编制如下会计分录。

借：营业外支出　　5 500
　　贷：固定资产清理　　5 500

针对上述业务，甲企业编制的记账凭证如图 5-77 所示。

记 账 凭 证

字第 01 号　　2016 年 3 月 17 日　　附单据数：

摘　要	总账科目	二级或明细科目	借方金额	贷方金额
结转报废损失	营业外支出		5 500	
	固定资产清理			5 500
合　计			5 500	5 500

财务主管：××× 记账：××× 出纳：××× 审核：××× 制单：×××

图 5-77　记账凭证 2

演练 5-34：向外捐赠固定资产核算

① 2016 年 3 月 21 日，甲企业向慈善机构捐赠住宅楼一栋，原价值 850 000 元，已提折旧 45 000 元，已提减值准备 5 000 元。会计人员根据相关凭证对该项经济业务进行核算，并编制如下会计分录。

借：固定资产清理　　800 000
　　累计折旧　　45 000
　　固定资产减值准备　　5 000
　　贷：固定资产　　850 000

针对上述业务，甲企业编制的记账凭证如图 5-78 所示。

记　账　凭　证

字第 01 号　　　　2016 年 3 月 21 日　　　　附单据数：

摘　要	总账科目	二级或明细科目	借方金额	贷方金额
向外捐赠固定资产	固定资产清理		800 000	
	累计折旧		45 000	
	固定资产减值准备		5 000	
	固定资产			850 000
合　计			850 000	850 000

财务主管：××× 记账：××× 出纳：××× 审核：××× 制单：×××

图 5-78　记账凭证 1

② 会计人员结转捐赠损失，编制如下会计分录。

借：营业外支出　　800 000
　　贷：固定资产清理　　800 000

针对上述业务，甲企业编制的记账凭证如图 5-79 所示。

记　账　凭　证

字第 01 号　　　　2016 年 3 月 21 日　　　　附单据数：

摘　要	总账科目	二级或明细科目	借方金额	贷方金额
结转捐赠损失	营业外支出		800 000	
	固定资产清理			800 000
合　计			800 000	800 000

财务主管：××× 记账：××× 出纳：××× 审核：××× 制单：×××

图 5-79　记账凭证 2

演练 5-35：对外出售固定资产核算

① 2016 年 7 月 16 日，甲企业欲对外出售设备一批，原价值为 200 000 元，已提折旧 50 000元，未提减值准备。会计人员根据相关凭证对该项经济业务进行核算，并编制如下会计分录。

借：固定资产清理　　150 000
　　累计折旧　　50 000
　　贷：固定资产　　200 000

针对上述业务，甲企业编制的记账凭证如图 5-80 所示。

记 账 凭 证

字第 01 号　　2016年7月16日　　附单据数：

摘　要	总账科目	二级或明细科目	借方金额	贷方金额
出售固定资产	固定资产清理		150 000	
	累计折旧		50 000	
	固定资产			200 000
合　计			200 000	200 000

财务主管：××× 记账：××× 出纳：××× 审核：××× 制单：×××

图 5-80　记账凭证 1

② 2016年7月20日，乙企业与甲企业达成协议，以180 000元购买该批设备。会计人员根据相关凭证对该项经济业务进行核算，并编制如下会计分录。

借：银行存款　180 000
　贷：固定资产清理　180 000

针对上述业务，甲企业编制的记账凭证如图5-81所示。

收 款 凭 证

借方科目：银行存款　　2016年7月20日　　银收字第01号

摘　要	贷方总账科目	明细科目	√	千	百	十	万	千	百	十	元	角	分
出售固定资产	固定资产清理					1	8	0	0	0	0	0	0
合　计					¥	1	8	0	0	0	0	0	0

财务主管：××× 记账：××× 出纳：××× 审核：××× 制单：×××

图 5-81　银行存款收款凭证

③ 按规定，甲企业应缴纳增值税为9 000元，会计人员根据相关凭证对该项经济业务进行核算，并编制如下会计分录。

借：固定资产清理　9 000
　贷：应交税费——应交增值税（销项税）　9 000

针对上述业务，甲企业编制的记账凭证如图5-82所示。

④ 会计人员结转出售收益，编制如下会计分录。

借：固定资产清理　21 000
　贷：营业外收入　21 000

针对上述业务，甲企业编制的记账凭证如图5-83所示。

记　账　凭　证

字第 02 号　　2016 年 7 月 20 日　　附单据数：

摘　要	总账科目	二级或明细科目	借方金额	贷方金额
缴纳增值税	固定资产清理		9 000	
	应交税费	应交增值税（销项税）		9 000
合　计			9 000	9 000

财务主管：×××　记账：×××　出纳：×××　审核：×××　制单：×××

图 5-82　记账凭证 2

记　账　凭　证

字第 03 号　　2016 年 7 月 20 日　　附单据数：

摘　要	总账科目	二级或明细科目	借方金额	贷方金额
结转出售收益	固定资产清理		21 000	
	营业外收入			21 000
合　计			21 000	21 000

财务主管：×××　记账：×××　出纳：×××　审核：×××　制单：×××

图 5-83　记账凭证 3

演练 5-36：对外投资固定资产核算

① 2016 年 4 月 26 日，甲企业决定将一批生产设备用作长期股权投资，该批生产设备原价值为 150 000 元，已提折旧 30 000 元，未提取减值准备。会计人员根据相关凭证对该项经济业务进行核算，并编制如下会计分录。

借：固定资产清理　　120 000
　　累计折旧　　30 000
　　贷：固定资产　　150 000

针对上述业务，甲企业编制的记账凭证如图 5-84 所示。

② 2016 年 4 月 30 日，甲企业与乙企业签订投资合同，甲企业将该批设备投入乙企业，双方经协商评估后，确认该批设备的公允价值为 130 000 元。会计人员根据相关凭证对该项经济业务进行核算，并编制如下会计分录。

借：长期股权投资　　130 000
　　贷：固定资产清理　　120 000
　　　　营业外收入　　10 000

记 账 凭 证

字第 01 号　　2016年4月26日　　附单据数：

摘　　要	总账科目	二级或明细科目	借方金额	贷方金额
对外投资固定资产	固定资产清理		120 000	
	累计折旧		30 000	
	固定资产			150 000
合　　计			150 000	150 000

财务主管：××× 记账：××× 出纳：××× 审核：××× 制单：×××

图 5-84　记账凭证 1

针对上述业务，甲企业编制的记账凭证如图 5-85 所示。

记 账 凭 证

字第 03 号　　2016年4月30日　　附单据数：

摘　　要	总账科目	二级或明细科目	借方金额	贷方金额
结转投资收益	长期股权投资		130 000	
	固定资产清理			120 000
				10 000
合　　计			130 000	130 000

财务主管：××× 记账：××× 出纳：××× 审核：××× 制单：×××

图 5-85　记账凭证 2

5.4.4 固定资产清查核算

固定资产清查是从实物管理角度对企业固定资产进行的实物清查，固定资产清查的结果一般包括盘盈和盘亏，如下演练固定资产盘亏的核算过程，供读者借鉴参考。

演练 5-37:

2016 年 3 月 31 日，甲企业对固定资产进行了季度清查，结果发现生产设备盘亏一台。该台生产设备原价值为 5 000 元，已提折旧 1 000 元，未提减值准备。会计人员根据相关凭证对该项经济业务进行核算，并编制如下会计分录。

借：待处理财产损益——待处理非流动资产损益　　4 000
　　累计折旧　　1 000
　　贷：固定资产　　5 000

针对上述业务，甲企业编制的记账凭证如图 5-86 所示。

记　账　凭　证

字第 01 号　　2016年3月31日　　附单据数：

摘　要	总账科目	二级或明细科目	借方金额	贷方金额
固定资产盘亏	待处理财产损溢	待处理非流动资产损溢	4 000	
	累计折旧		1 000	
	固定资产			5 000
合　计			5 000	5 000

财务主管：×××　记账：×××　出纳：×××　审核：×××　制单：×××

图 5-86　记账凭证

5.5 无形资产业务核算演练

5.5.1　无形资产增加核算

无形资产增加主要包括外购无形资产、自行开发无形资产、外部投入无形资产三种情况，如下分别演练了这三种情况的核算过程，供读者借鉴参考。

演练　5-38：外购无形资产核算

2016 年 5 月 28 日，甲企业从乙企业购入一项专利权，价格为 500 000 元，发生相关费用 10 000 元，款项已通过银行支付。会计人员根据相关凭证对该项经济业务进行核算，并编制如下会计分录。

借：无形资产——专利权　　510 000
　贷：银行存款　　510 000

针对上述业务，甲企业编制的记账凭证如图 5-87 所示。

付　款　凭　证

贷方科目：银行存款　　2016年5月28日　　银付字第 01 号

摘　要	借方总账科目	明细科目	√	金额：千	百	十	万	千	百	十	元	角	分
外购专利权	无形资产	专利权				5	1	0	0	0	0	0	0
合　计					¥	5	1	0	0	0	0	0	0

财务主管：×××　记账：×××　出纳：×××　审核：×××　制单：×××

图 5-87　银行存款付款凭证

演练 5-39：自行开发无形资产核算

2016年7月18日，甲企业自行研发了一项新的专利技术，研发过程中的各项费用支出共计750 000元，其中符合资本化条件的支出为350 000元。会计人员根据相关凭证对该项经济业务进行核算，并编制如下会计分录。

借：无形资产　　350 000
　　管理费用　　400 000
　　贷：研发支出　　750 000

针对上述业务，甲企业编制的记账凭证如图5-88所示。

记　账　凭　证

字第 01 号　　2016年7月18日　　附单据数：

摘　要	总账科目	二级或明细科目	借方金额	贷方金额
自行开发无形资产	无形资产	专利技术	350 000	
	管理费用		400 000	
	研发支出			750 000
合　计			750 000	750 000

财务主管：××× 记账：××× 出纳：××× 审核：××× 制单：×××

图5-88　记账凭证

演练 5-40：外部投入无形资产核算

2016年4月24日，甲企业收到乙企业作为长期股权投资的一项专利权，双方经协商评估，确认该项专利权的价值为450 000元。依照投资合同，乙企业获得甲企业10%的股份，甲企业的注册资本总额为4 000 000元。会计人员根据相关凭证对该项经济业务进行核算，并编制如下会计分录。

乙企业占甲企业的注册资本金额＝4 000 000×10%＝400 000(元)

资本溢价＝450 000－400 000＝50 000(元)

借：无形资产　　450 000
　　贷：实收资本——法人资本（乙企业）　　400 000
　　　　资本公积——资本溢价　　50 000

针对上述业务，甲企业编制的记账凭证如图5-89所示。

5.5.2 无形资产摊销核算

使用寿命有限的无形资产应在其预计的使用寿命内，采取合适的方法进行摊销。如下演练无形资产摊销的核算过程，供读者借鉴参考。

记　账　凭　证

字第 01 号　　　　2016 年 4 月 24 日　　　　附单据数：

摘　要	总账科目	二级或明细科目	借方金额	贷方金额
外部投入无形资产	无形资产	专利技术	450 000	
	实收资本	法人资本（乙企业）		400 000
	资本公积	资本溢价		50 000
合　计			450 000	450 000

财务主管：×××　记账：×××　出纳：×××　审核：×××　制单：×××

图 5-89　记账凭证

演练　5-41:

2015 年 4 月 5 日，甲企业购买一项专利权，价值 450 000 元，预计使用年限为 10 年。2016 年 4 月 4 日，甲企业对该项无形资产的每年摊销进行核算，并编制如下会计分录。

该无形资产每年摊销金额＝450 000/10＝45 000(元)

借：管理费用——无形资产摊销　　　　45 000
　贷：累计摊销　　　　45 000

针对上述业务，甲企业编制的记账凭证如图 5-90 所示。

记　账　凭　证

字第 01 号　　　　2016 年 4 月 4 日　　　　附单据数：

摘　要	总账科目	二级或明细科目	借方金额	贷方金额
无形资产摊销	管理费用	无形资产摊销	450 000	
	累计摊销			450 000
合　计			450 000	450 000

财务主管：×××　记账：×××　出纳：×××　审核：×××　制单：×××

图 5-90　记账凭证

5.5.3　无形资产减值核算

当无形资产的账面价值高于实际可收回价值时，会计人员应当计提无形资产减值准备。如下演练无形资产减值的核算过程，供读者借鉴参考。

演练　5-42:

2016 年 6 月 10 日，甲企业的一项专利技术扣去摊销额后的账面价值为 430 000 元，由于相关因素的影响，该项专利技术发生了减值，预计 2016 年年末的可收回金额为 420 000

元。已知该项专利技术在此之前未提减值准备，会计人员对该项专利技术计提减值准备，并编制如下会计分录。

借：资产减值损失——无形资产减值准备　　10 000
　　贷：无形资产减值准备　　10 000

针对上述业务，甲企业编制的记账凭证如图 5-91 所示。

记　账　凭　证

字第 01 号　　2016年6月10日　　附单据数：

摘　要	总账科目	二级或明细科目	借方金额	贷方金额
无形资产减值	资产减值损失	无形资产减值准备	10 000	
	无形资产减值准备			10 000
合　计			10 000	10 000

财务主管：×××　记账：×××　出纳：×××　审核：×××　制单：×××

图 5-91　记账凭证

5.5.4　无形资产处置核算

无形资产处置主要包括无形资产的出售、对外捐赠与报废。如下分别演练了这三种情况的核算过程，供读者借鉴参考。

演练　5-43：对外出售无形资产核算

2016 年 3 月 27 日，甲企业将拥有的一项专利权出售给乙企业，价款为 140 000 元。该项专利权的账面余额为 200 000 元，累计摊销额为 80 000 元，已计提减值准备 5 000 元，应交增值税为 12 000 元。会计人员根据相关凭证对该项经济业务进行核算，并编制如下会计分录。

借：银行存款　　140 000
　　累计摊销　　80 000
　　无形资产减值准备　　5 000
　　贷：无形资产　　200 000
　　　　应交税费——应交增值税（销项税）　　12 000
　　　　营业外收入——处置非流动资产利得　　13 000

针对上述业务，甲企业编制的记账凭证如图 5-92 所示。

演练　5-44：对外捐赠无形资产核算

2016 年 5 月 23 日，甲企业将拥有的一项专利权捐赠给当地的非营利组织，该项专利权的账面价值为 150 000 元，未计摊销和减值准备。会计人员根据相关凭证对该项经济业务进

记　账　凭　证

字第 01 号　　　　2016 年 3 月 27 日　　　　附单据数：

摘　要	总账科目	二级或明细科目	借方金额	贷方金额
将无形资产出售给乙企业	银行存款		140 000	
	累计摊销		80 000	
	无形资产减值准备		5 000	
	无形资产			200 000
	应交税费	应交增值税（销项税）		12 000
	营业外收入	处置非流动资产利得		13 000
合　计			225 000	225 000

财务主管：×××　记账：×××　出纳：×××　审核：×××　制单：×××

图 5-92　记账凭证

行核算，并编制如下会计分录。

借：营业外支出　　150 000
　　贷：无形资产——专利权　　150 000

针对上述业务，甲企业编制的记账凭证如图 5-93 所示。

记　账　凭　证

字第 01 号　　　　2016 年 5 月 23 日　　　　附单据数：

摘　要	总账科目	二级或明细科目	借方金额	贷方金额
对外捐赠无形资产	营业外支出		150 000	
	无形资产	专利权		150 000
合　计			150 000	150 000

财务主管：×××　记账：×××　出纳：×××　审核：×××　制单：×××

图 5-93　记账凭证

演练　5-45：无形资产报废核算

2016 年 7 月 12 日，甲企业某项非专利技术经鉴定后，确认已无使用价值，故而进行报废处理。该项非专利技术原价值为 300 000 元，累计摊销 250 000 元，已提减值准备 30 000 元。会计人员根据相关凭证对该项经济业务进行核算，并编制如下会计分录。

借：累计摊销　　250 000
　　无形资产减值准备　　30 000
　　营业外支出　　20 000
　　贷：无形资产　　300 000

针对上述业务，甲企业编制的记账凭证如图 5-94 所示。

记 账 凭 证

字第 01 号　　2016 年 7 月 12 日　　附单据数：

摘　要	总账科目	二级或明细科目	借方金额	贷方金额
无形资产报废	累计摊销		250 000	
	无形资产减值准备		30 000	
	营业外支出		20 000	
	无形资产			300 000
合　计			300 000	300 000

财务主管：××× 记账：××× 出纳：××× 审核：××× 制单：×××

图 5-94 记账凭证

5.6 职工薪酬事项核算演练

5.6.1 应付职工薪酬核算

应付职工薪酬是企业给予员工的各种形式的劳动报酬。如下演练了应付职工薪酬确认与应付职工薪酬发放的核算过程，供读者借鉴参考。

演练 5-46：应付职工薪酬确认核算

2016 年 2 月 5 日，甲企业对 1 月份的全体职工的工资分配进行核算，确认全体职工工资总额为 750 000 元，其中划入生产成本的共计 450 000 元，划入制造费用的共计 200 000 元，划入管理费用的共计 100 000 元。会计人员根据相关凭证对该项经济业务进行核算，并编制如下会计分录。

借：生产成本　　450 000
　　制造费用　　200 000
　　管理费用　　100 000
　　贷：应付职工薪酬——工资　　750 000

针对上述业务，甲企业编制的记账凭证如图 5-95 所示。

演练 5-47：应付职工薪酬发放核算

2016 年 2 月 10 日，甲企业发放 1 月份工资，总额为 750 000 元。会计人员根据相关凭证对该项经济业务进行核算，并编制如下会计分录。

借：应付职工薪酬——工资　　750 000
　　贷：银行存款　　750 000

记 账 凭 证				
字第 01 号		2016 年 2 月 5 日		附单据数：
摘　　要	总账科目	二级或明细科目	借方金额	贷方金额
职工薪酬的确认	生产成本		450 000	
	管理费用		100 000	
	制造费用		200 000	
	应付职工薪酬	工资		750 000
合　　计			750 000	750 000

财务主管：××× 记账：××× 出纳：××× 审核：××× 制单：×××

图 5-95　记账凭证

针对上述业务，甲企业编制的记账凭证如图 5-96 所示。

付 款 凭 证

贷方科目：银行存款　　2016 年 2 月 10 日　　银付字第 01 号

摘　　要	借方总账科目	明细科目	√	金额 千	百	十	万	千	百	十	元	角	分
支付职工工资	应付职工薪酬	工资				7	5	0	0	0	0	0	0
合　　计					¥	7	5	0	0	0	0	0	0

财务主管：××× 记账：××× 出纳：××× 审核：××× 制单：×××

图 5-96　银行存款付款凭证

5.6.2 职工福利费核算

职工福利属于工资之外的间接报酬。如下演练了职工福利费确认与职工福利费发放的具体核算过程，供读者借鉴参考。

演练 5-48：职工福利费确认核算

① 2016 年 2 月 5 日，甲企业将工资总额 750 000 元的 10%作为职工福利费，其中从生产成本 450 000 元中提取 45 000 元作为福利费，制造费用 200 000 元中提取 20 000 元作为福利费，管理费用 100 000 元中提取 10 000 元作为福利费。会计人员根据相关凭证对该项经济业务进行核算，并编制如下会计分录。

借：生产成本	45 000	
制造费用	20 000	
管理费用	10 000	
贷：应付职工薪酬——职工福利		75 000

针对上述业务，甲企业编制的记账凭证如图 5-97 所示。

记　账　凭　证

字第 01 号　　　　2016 年 2 月 5 日　　　　附单据数：

摘　要	总账科目	二级或明细科目	借方金额	贷方金额
职工福利费的确认	生产成本		45 000	
	管理费用		10 000	
	制造费用		20 000	
	应付职工薪酬	职工福利		75 000
合　计			75 000	75 000

财务主管：××× 记账：××× 出纳：××× 审核：××× 制单：×××

图 5-97　记账凭证 1

② 2016 年 3 月 5 日，乙企业按照确定的利润分配方案提取职工福利费，共计 40 000 元。会计人员根据相关凭证对该项经济业务进行核算，并编制如下会计分录。

借：利润分配——提取职工奖励及福利基金　　40 000
　　贷：应付职工薪酬——职工福利　　40 000

针对上述业务，甲企业编制的记账凭证如图 5-98 所示。

记　账　凭　证

字第 01 号　　　　2016 年 3 月 5 日　　　　附单据数：

摘　要	总账科目	二级或明细科目	借方金额	贷方金额
提取职工福利费	利润分配	提取职工奖励及福利基金	40 000	
	应付职工薪酬	职工福利		40 000
合　计			40 000	40 000

财务主管：××× 记账：××× 出纳：××× 审核：××× 制单：×××

图 5-98　记账凭证 2

演练 5-49：职工福利费发放核算

2016 年 2 月 10 日，甲企业将 1 月份的职工福利 75 000 元，连同工资一并发放给全体职工。会计人员根据相关凭证对该项经济业务进行核算，并编制如下会计分录。

借：应付职工薪酬——职工福利　　75 000
　　贷：银行存款　　75 000

针对上述业务，甲企业编制的记账凭证如图 5-99 所示。

付 款 凭 证

贷方科目：银行存款　　　　2016 年 2 月 10 日　　　　银付字第 01 号

摘　要	借方总账科目	明细科目	√	金额									
				千	百	十	万	千	百	十	元	角	分
支付福利费	应付职工薪酬	职工福利					7	5	0	0	0	0	0
合　计						¥	7	5	0	0	0	0	0

财务主管：××× 　记账：××× 　出纳：××× 　审核：××× 　制单：×××

图 5-99　银行存款付款凭证

5.6.3　辞退福利核算

辞退福利是指企业与员工签订的劳动合同未到期之前，企业由于各种原因提前辞退员工，而为其提供的经济补偿。如下演练辞退福利的核算过程，供读者借鉴参考。

演练 5-50:

2016 年 4 月 1 日，甲企业由于经营需要进行缩减裁员，并拟定计划名单，下发执行。根据企业的有关规定，企业为计划中辞退职工发放辞退福利，共计 9 700 元。会计人员根据相关凭证对该项经济业务进行核算，并编制如下会计分录。

借：管理费用　　　　9 700
　　贷：应付职工薪酬——辞退福利　　　　9 700

针对上述业务，甲企业编制的记账凭证如图 5-100 所示。

记 账 凭 证

字第 01 号　　　　2016 年 4 月 1 日　　　　附单据数：

摘　要	总账科目	二级或明细科目	借方金额	贷方金额
辞退员工福利费	管理费用		9 700	
	应付职工薪酬	职工福利		9 700
合　计			9 700	9 700

财务主管：××× 　记账：××× 　出纳：××× 　审核：××× 　制单：×××

图 5-100　记账凭证

5.7 企业应收账款核算演练

5.7.1 无折扣时应收账款核算

无折扣时应收账款属于一般情况，其核算方法相对简单，如下演练了具体的核算过程，供读者借鉴参考。

演练 5-51:

2016 年 3 月 19 日，甲企业向乙企业销售一批产品，价款为 100 000 元，增值税额为 17 000元，货款尚未支付。会计人员根据相关凭证对该项经济业务进行核算，并编制如下会计分录。

借：应收账款——乙企业　　117 000
　　贷：主营业务收入　　100 000
　　　　应交税费——应交增值税（销项税额）　　17 000

针对上述业务，甲企业编制的记账凭证如图 5-101 所示。

记　账　凭　证

字第 01 号　　2016 年 3 月 19 日　　附单据数：

摘　要	总账科目	二级或明细科目	借方金额	贷方金额
销售产品	应收账款		117 000	
	主营业务收入			100 000
	应交税费	应交增值税（销项税额）		17 000
合　计			117 000	117 000

财务主管：×××　记账：×××　出纳：×××　审核：×××　制单：×××

图 5-101　记账凭证

2016 年 3 月 25 日，甲企业收到了乙企业支付的前欠货款，共计 117 000 元。会计人员根据相关凭证对该项经济业务进行核算，并编制如下会计分录。

借：银行存款　　117 000
　　贷：应收账款——乙企业　　117 000

针对上述业务，甲企业编制的记账凭证如图 5-102 所示。

5.7.2 有折扣时应收账款核算

有折扣时应收账款核算时应当考虑折扣的影响，如下演练了相应的核算过程，供读者借鉴参考。

收　款　凭　证

借方科目：银行存款　　　　2016年3月25日　　　　银收字第01号

摘　要	贷方总账科　目	明细科目	√	金　额									
				千	百	十	万	千	百	十	元	角	分
收到前欠货款	应收账款	乙企业				1	1	7	0	0	0	0	0
合　计					¥	1	1	7	0	0	0	0	0

财务主管：×××　　记账：×××　　出纳：×××　　审核：×××　　制单：×××

图 5-102　银行存款收款凭证

演练 5-52:

2016年5月21日，甲企业向乙企业销售一批产品，价款200 000元，增值税额为34 000元，货款尚未支付。甲企业会计人员根据相关凭证对该项经济业务进行核算，并编制如下会计分录。

借：应收账款——乙企业　　234 000
　　贷：主营业务收入　　200 000
　　　　应交税费——应交增值税（销项税额）　　34 000

针对上述业务，甲企业编制的记账凭证如图5-103所示。

记　账　凭　证

字第01号　　　　2016年5月21日　　　　附单据数：

摘　要	总账科目	二级或明细科目	借方金额	贷方金额
销售产品	应收账款	乙企业	234 000	
	主营业务收入			200 000
	应交税费	应交增值税（销项税额）		34 000
合　计			234 000	234 000

财务主管：×××　　记账：×××　　出纳：×××　　审核：×××　　制单：×××

图 5-103　记账凭证 1

该笔应收账款配有现金折扣，折扣标准为1/10、n/30。2015年5月30日，甲企业收到乙企业支付的前欠货款，由于乙企业在10日内完成支付，故享有1%的折扣，乙企业支付了198 000元产品价款以及34 000元的增值税额。甲企业会计人员根据相关凭证对该项经济业务进行核算，并编制如下会计分录。

乙企业享有的现金折扣金额＝200 000×1%＝2 000(元)

借：银行存款　　232 000
　　财务费用　　2 000
　贷：应收账款——乙企业　　234 000

针对上述业务，甲企业编制的记账凭证如图 5-104 所示。

记　账　凭　证

字第 02 号　　2016年5月30日　　附单据数：

摘　要	总账科目	二级或明细科目	借方金额	贷方金额
收到前欠货款	银行存款		232 000	
	财务费用		2 000	
	应收账款			234 000
合　计			234 000	234 000

财务主管：×××　记账：×××　出纳：×××　审核：×××　制单：×××

图 5-104　记账凭证 2

5. 7. 3　坏账损失核算

坏账即企业无法收回或收回可能性极小的应收款项，如下演练了坏账损失的具体核算过程，供读者借鉴参考。

演练 5-53:

2016 年 6 月 30 日，甲企业的应收款项中，应收丙企业的账款 150 000 元因各种原因无法收回，经批准划为坏账损失。会计人员根据相关凭证对该项经济业务进行核算，并编制如下会计分录。

借：坏账准备　　150 000
　贷：应收账款——丙企业　　150 000

针对上述业务，甲企业编制的记账凭证如图 5-105 所示。

记　账　凭　证

字第 01 号　　2016年6月30日　　附单据数：

摘　要	总账科目	二级或明细科目	借方金额	贷方金额
货款无法收回	坏账准备		150 000	
	应收账款	丙企业		150 000
合　计			150 000	150 000

财务主管：×××　记账：×××　出纳：×××　审核：×××　制单：×××

图 5-105　记账凭证 1

2016 年 8 月 1 日，甲企业收到丙企业支付的前欠账款 150 000 元。会计人员转销坏账损失，并编制如下会计分录。

借：应收账款——丙企业　　150 000
　贷：坏账准备　　150 000

针对上述业务，甲企业编制的记账凭证如图 5-106 所示。

记　账　凭　证

字第 02 号　　2016 年 8 月 1 日　　附单据数：

摘　要	总账科目	二级或明细科目	借方金额	贷方金额
收回货款	应收账款	丙企业	150 000	
	坏账准备			150 000
合　计			150 000	150 000

财务主管：×××　记账：×××　出纳：×××　审核：×××　制单：×××

图 5-106　记账凭证 2

会计人员根据相关凭证对丙企业支付的前欠账款进行核算，并编制如下会计分录。

借：银行存款　　150 000
　贷：应收账款——丙企业　　150 000

针对上述业务，甲企业编制的记账凭证如图 5-107 所示。

收　款　凭　证

借方科目：银行存款　　2016 年 8 月 1 日　　银收字第 01 号

摘　要	贷方总账科　目	明细科目	√	金　额									
				千	百	十	万	千	百	十	元	角	分
收到前欠货款	应收账款	丙企业				1	5	0	0	0	0	0	0
合　计					¥	1	5	0	0	0	0	0	0

财务主管：×××　记账：×××　出纳：×××　审核：×××　制单：×××

图 5-107　银行存款收款凭证

5.8 企业应付账款核算演练

应付账款是指企业因购买材料、商品、劳务等而应支付的且尚未支付款项。如下演练了应付账款发生与应付账款支付的具体核算过程，供读者借鉴参考。

演练 5-54：应付账款发生核算

2016 年 5 月 17 日，甲企业从乙企业购买原材料一批，价款 100 000 元，专用发票上注明的增值税额为 17 000 元，货款尚未支付。会计人员根据相关凭证对该项经济业务进行核算，并编制如下会计分录。

借：原材料　　100 000
　　应交税费——应交增值税（进项税额）　　17 000
　　贷：应付账款——乙企业　　117 000

针对上述业务，甲企业编制的记账凭证如图 5-108 所示。

记　账　凭　证

字第 01 号　　2016 年 5 月 17 日　　附单据数：

摘　要	总账科目	二级或明细科目	借方金额	贷方金额
购入原材料	原材料		100 000	
	应交税费	应交增值税（进项税额）	17 000	
	应付账款	乙企业		117 000
合　计			117 000	117 000

财务主管：×××　记账：×××　出纳：×××　审核：×××　制单：×××

图 5-108　记账凭证

演练 5-55：应付账款支付核算

① 2016 年 5 月 25 日，甲企业通过银行支付给乙企业前欠货款，共计 117 000 元，会计人员根据相关凭证对该项经济业务进行核算，并编制如下会计分录。

借：应付账款——乙企业　　117 000
　　贷：银行存款　　117 000

针对上述业务，甲企业编制的记账凭证如图 5-109 所示。

② 2016 年 3 月 26 日，甲企业因财务困难无法支付丙企业的前欠货款 600 000 元。双方经协商，丙企业同意甲企业以其生产的产品来抵偿债务。合同约定甲企业需支付公允价值为 500 000 元的产品，增值税额为 85 000 元。会计人员根据相关凭证对该项经济业务进行核算，并编制如下会计分录。

借：应付账款——丙企业　　600 000
　　贷：主营业务收入　　500 000
　　　　应交税费——应交增值税（销项税额）　　85 000
　　　　营业外收入——债务重组利得　　15 000

付　款　凭　证

贷方科目：银行存款　　　　2016年5月25日　　　　银付字第01号

摘　要	借方总账科目	明细科目	√	金额									
				千	百	十	万	千	百	十	元	角	分
支付前欠货款	应付账款	乙企业				1	1	7	0	0	0	0	0
合　计					¥	1	1	7	0	0	0	0	0

财务主管：×××　　记账：×××　　出纳：×××　　审核：×××　　制单：×××

图 5-109　银行存款付款凭证

针对上述业务，甲企业编制的记账凭证如图 5-110 所示。

记　账　凭　证

字第 01 号　　　　2016年3月26日　　　　附单据数：

摘　要	总账科目	二级或明细科目	借方金额	贷方金额
	应付账款	丙企业	600 000	
	主营业务收入			500 000
	应交税费	应交增值税（销项税额）		85 000
	营业外收入	债务重组利得		15 000
合　计			600 000	600 000

财务主管：×××　　记账：×××　　出纳：×××　　审核：×××　　制单：×××

图 5-110　记账凭证

5.9 企业销售收入核算演练

5.9.1　普通销售业务核算

普通销售业务即一般销售情况，核算方法比较简单。如下演练了普通销售业务的具体核算过程，供读者借鉴参考。

演练 5-56:

2016 年 4 月 24 日，甲企业向乙企业销售产品一批，价款 50 000 元，增值税额为 8 500 元，货款尚未收到。会计人员根据相关凭证对该项经济业务进行核算，并编制如下会计分录。

借：应收账款——乙企业　　58 500
　　贷：主营业务收入　　50 000
　　　　应交税费——应交增值税（销项税额）　　8 500

针对上述业务，甲企业编制的记账凭证如图 5-111 所示。

记　账　凭　证

字第 01 号　　2016 年 4 月 24 日　　附单据数：

摘　要	总账科目	二级或明细科目	借方金额	贷方金额
销售产品	应收账款	乙企业	58 500	
	主营业务收入			50 000
	应交税费	应交增值税（销项税额）		8 500
合　计			58 500	58 500

财务主管：××× 记账：××× 出纳：××× 审核：××× 制单：×××

图 5-111　记账凭证

5.9.2 特殊销售业务核算

特殊销售业务主要包括折扣销售、销售退回、销售折让三种，如下演练了这三种特殊销售业务的具体核算过程，供读者借鉴参考。

演练 5-57：折扣销售支付核算

折扣销售分为现金折扣和商业折扣两种情况，其中现金折扣是为了督促买家尽快支付货款而提供的价格优惠，上述应收账款核算中的折扣便是现金折扣，故此处不再进行说明。商业折扣是直接标明在商品价格上的折扣，其演练如下。

2016 年 4 月 1 日，甲企业为了增加销量，为一批产品提供 10% 的商业折扣。乙企业购买了其中的部分产品，原价值共计 200 000 元，实际价款为 180 000 元。增值税以实际销售价值为计税依据，额度为 30 600 元，账款尚未收到。会计人员根据相关凭证对该项经济业务进行核算，并编制如下会计分录。

借：应收账款——乙企业　　210 600
　　贷：主营业务收入　　180 000
　　　　应交税费——应交增值税（销项税额）　　30 600

针对上述业务，甲企业编制的记账凭证如图 5-112 所示。

演练 5-58：销售退回支付核算

以【演练 5-57】的销售业务为例，假设 2016 年 4 月 6 日，乙企业因某种原因要求退回该批产品，且得到了甲企业的同意。会计人员根据相关凭证对该项经济业务进行核算，并编制如下会计分录。

记　账　凭　证

字第 01 号　　　　2016 年 4 月 1 日　　　　附单据数：

摘　要	总账科目	二级或明细科目	借方金额	贷方金额
商业折扣销售产品	应收账款	乙企业	210 600	
	主营业务收入			180 000
	应交税费	应交增值税（销项税额）		30 600
合　计			210 600	210 600

财务主管：×××　　记账：×××　　出纳：×××　　审核：×××　　制单：×××

图 5-112　记账凭证

借：主营业务收入　　180 000
　　应交税费——应交增值税（销项税额）　　30 600（红字）
　　贷：应收账款——乙企业　　210 600

针对上述业务，甲企业编制的记账凭证如图 5-113 所示。

记　账　凭　证

字第 01 号　　　　2016 年 4 月 6 日　　　　附单据数：

摘　要	总账科目	二级或明细科目	借方金额	贷方金额
产品退回	主营业务收入		180 000	
	应交税费	应交增值税（销项税额）	30 600	
	应收账款	乙企业		210 600
合　计			210 600	210 600

财务主管：×××　　记账：×××　　出纳：×××　　审核：×××　　制单：×××

图 5-113　记账凭证

演练　5-59：销售折让支付核算

以【演练 5-57】的销售业务为例，假设乙企业在收到该批产品后，发现了质量问题，要求甲企业给予 5%的货款折让，并取得甲企业的同意。会计人员根据相关凭证对折让的货款进行核算，并编制如下会计分录。

借：主营业务收入　　9 000
　　应交税费——应交增值税（销项税额）　　1 530（红字）
　　贷：应收账款——乙企业　　10 530

针对上述业务，甲企业编制的记账凭证如图 5-114 所示。

记 账 凭 证

字第 01 号　　2016 年 4 月 2 日　　附单据数：

摘 要	总账科目	二级或明细科目	借方金额	贷方金额
因质量问题的货款折让	主营业务收入		9 000	
	应交税费	应交增值税（销项税额）	1 530	
	应收账款	乙企业		10 530
合 计			10 530	10 530

财务主管：××× 记账：××× 出纳：××× 审核：××× 制单：×××

图 5-114 记账凭证

5.10 生产成本费用核算演练

5.10.1 生产成本核算

生产成本可分为基本生产成本和辅助生产成本，其中基本生产成本是指直接生产部门发生的材料费、人工费等生产费用，而辅助生产成本是指辅助生产部门发生的材料费、人工费等生产费用。如下演练直接生产成本与辅助生产成本的核算过程，供读者借鉴参考。

演练 5-60：直接生产成本核算

2016 年 2 月 23 日，甲企业基本生产车间领用原材料 30 000 元。会计人员根据相关凭证对该项经济业务进行核算，并编制如下会计分录。

借：生产成本——基本生产成本　　30 000
　贷：原材料　　30 000

针对上述业务，甲企业编制的记账凭证如图 5-115 所示。

记 账 凭 证

字第 01 号　　2016 年 2 月 23 日　　附单据数：

摘 要	总账科目	二级或明细科目	借方金额	贷方金额
领用原材料	生产成本	基本生产成本	30 000	
	原材料			30 000
合 计			30 000	30 000

财务主管：××× 记账：××× 出纳：××× 审核：××× 制单：×××

图 5-115 记账凭证 1

2016 年 3 月 5 日，甲企业核算上月基本生产车间工人的工资，共计 160 000 元。会计人员根据相关凭证对该项经济业务进行核算，并编制如下会计分录。

借：生产成本——基本生产成本　　160 000
　　贷：应付职工薪酬——工资　　160 000

针对上述业务，甲企业编制的记账凭证如图 5-116 所示。

记　账　凭　证

字第 02 号　　2016 年 3 月 5 日　　附单据数：

摘　要	总账科目	二级或明细科目	借方金额	贷方金额
核算生产工人工资	生产成本	基本生产成本	160 000	
	应付职工薪酬	生产工人工资		160 000
合　计			160 000	160 000

财务主管：×××　记账：×××　出纳：×××　审核：×××　制单：×××

图 5-116　记账凭证 2

2016 年 3 月 31 日，甲企业结转完工产成品成本 350 000 元，会计人员根据相关凭证对该项经济业务进行核算，并编制如下会计分录。

借：库存商品　　350 000
　　贷：生产成本——基本生产成本　　350 000

针对上述业务，甲企业编制的记账凭证如图 5-117 所示。

记　账　凭　证

字第 03 号　　2016 年 3 月 31 日　　附单据数：

摘　要	总账科目	二级或明细科目	借方金额	贷方金额
结转产成品成本	库存商品		350 000	
	生产成本	基本生产成本		350 000
合　计			350 000	350 000

财务主管：×××　记账：×××　出纳：×××　审核：×××　制单：×××

图 5-117　记账凭证 3

演练　5-61：辅助生产成本核算

2016 年 2 月 17 日，甲企业辅助生产车间领用原材料 15 000 元。会计人员根据相关凭证对该项经济业务进行核算，并编制如下会计分录。

借：生产成本——辅助生产成本　　15 000
　　贷：原材料　　15 000

针对上述业务，甲企业编制的记账凭证如图 5-118 所示。

记　账　凭　证

字第 01 号　　2016 年 2 月 17 日　　附单据数：

摘　要	总账科目	二级或明细科目	借方金额	贷方金额
领用原材料	生产成本	辅助生产成本	15 000	
	原材料			15 000
合　计			15 000	15 000

财务主管：××× 　记账：××× 　出纳：××× 　审核：××× 　制单：×××

图 5-118　记账凭证 1

2016 年 3 月 5 日，甲企业核算上月辅助生产车间工人的职工福利费，共计 11 500 元。会计人员根据相关凭证对该项经济业务进行核算，并编制如下会计分录。

借：生产成本——辅助生产成本　　11 500
　　贷：应付职工薪酬——职工福利　　11 500

针对上述业务，甲企业编制的记账凭证如图 5-119 所示。

记　账　凭　证

字第 02 号　　2016 年 3 月 5 日　　附单据数：

摘　要	总账科目	二级或明细科目	借方金额	贷方金额
核算生产工人福利费	生产成本	辅助生产成本	11 500	
	应付职工薪酬	职工福利		11 500
合　计			11 500	11 500

财务主管：××× 　记账：××× 　出纳：××× 　审核：××× 　制单：×××

图 5-119　记账凭证 2

2016 年 4 月 30 日，甲企业分配辅助生产成本 200 000 元，其中基本生产车间分配 150 000元，管理部门分配 25 000 元，在建工程分配 15 000 元，其他业务成本分配 10 000 元。会计人员根据相关凭证对该项经济业务进行核算，并编制如下会计分录。

借：生产成本——基本生产成本　　150 000
　　管理费用　　25 000
　　在建工程　　15 000
　　其他业务成本　　10 000
　　贷：生产成本——辅助生产成本　　200 000

针对上述业务，甲企业编制的记账凭证如图 5-120 所示。

记　账　凭　证

字第 02 号　　2016 年 4 月 30 日　　附单据数：

摘　要	总账科目	二级或明细科目	借方金额	贷方金额
分配辅助生产成本	生产成本	基本生产成本	150 000	
	管理费用		25 000	
	在建工程		15 000	
	其他业务成本		10 000	
	生产成本	辅助生产成本		200 000
合　计			200 000	200 000

财务主管：××× 记账：××× 出纳：××× 审核：××× 制单：×××

图 5-120　记账凭证 2

5.10.2　期间费用核算

期间费用包括销售费用、管理费用与财务费用，如下分别演练这三类期间费用的核算过程，供读者借鉴参考。

演练　5-62：销售费用核算

① 2016 年 5 月 10 日，甲企业通过银行支付广告费 30 000 元。会计人员根据相关凭证对该项经济业务进行核算，并编制如下会计分录。

借：销售费用——广告费　　30 000
　贷：银行存款　　30 000

针对上述业务，甲企业编制的记账凭证如图 5-121 所示。

付　款　凭　证

贷方科目：银行存款　　2016 年 5 月 10 日　　银付字第 01 号

摘　要	借方总账科目	明细科目	√	金额 千	百	十	万	千	百	十	元	角	分
销售产品发生的费用	销售费用	广告费					3	0	0	0	0	0	0
合　计						¥	3	0	0	0	0	0	0

财务主管：××× 记账：××× 出纳：××× 审核：××× 制单：×××

图 5-121　银行存款付款凭证

② 2016 年 5 月 31 日，甲企业结转本月销售费用 150 000 元。会计人员根据相关凭证对该项经济业务进行核算，并编制如下会计分录。

借：本年利润　　150 000
　贷：销售费用　　150 000

针对上述业务，甲企业编制的记账凭证如图 5-122 所示。

记 账 凭 证

字第 01 号　　2016年5月31日　　附单据数：

摘　要	总账科目	二级或明细科目	借方金额	贷方金额
结转销售费用	本年利润		150 000	
	销售费用			150 000
合　计			150 000	150 000

财务主管：×××　记账：×××　出纳：×××　审核：×××　制单：×××

图 5-122　记账凭证

演练 5-63: 管理费用核算

① 2016 年 7 月 5 日，甲企业购买办公用品一批，使用现金支付价款 3 500 元。会计人员根据相关凭证对该项经济业务进行核算，并编制如下会计分录。

借：管理费用——办公费　　3 500
　贷：库存现金　　3 500

针对上述业务，甲企业编制的记账凭证如图 5-123 所示。

付 款 凭 证

贷方科目：库存现金　　2016年7月5日　　现付字第01号

摘　要	借方总账科目	明细科目	√	千	百	十	万	千	百	十	元	角	分
	管理费用	办公费						3	5	0	0	0	0
合　计							¥	3	5	0	0	0	0

财务主管：×××　记账：×××　出纳：×××　审核：×××　制单：×××

图 5-123　现金付款凭证

② 2016 年 7 月 31 日，甲企业结转本月管理费用 30 000 元。会计人员根据相关凭证对该项经济业务进行核算，并编制如下会计分录。

借：本年利润　　30 000
　　贷：管理费用　　30 000

针对上述业务，甲企业编制的记账凭证如图 5-124 所示。

记　账　凭　证

字第 01 号　　2016 年 7 月 31 日　　附单据数：

摘　　要	总账科目	二级或明细科目	借方金额	贷方金额
结转管理费用	本年利润		30 000	
	销售费用			30 000
合　　计			30 000	30 000

财务主管：×××　记账：×××　出纳：×××　审核：×××　制单：×××

图 5-124　记账凭证

演练　5-64：财务费用核算

① 2016 年 4 月 30 日，甲企业计算当月短期借款利息，共计 2 000 元。会计人员根据相关凭证对该项经济业务进行核算，并编制如下会计分录。

借：财务费用——利息支出　　2 000
　　贷：应付利息　　2 000

针对上述业务，甲企业编制的记账凭证如图 5-125 所示。

记　账　凭　证

字第 01 号　　2016 年 4 月 30 日　　附单据数：

摘　　要	总账科目	二级或明细科目	借方金额	贷方金额
计算 4 月份利息	财务费用	利息支出	2 000	
	应付利息			2 000
合　　计			2 000	2 000

财务主管：×××　记账：×××　出纳：×××　审核：×××　制单：×××

图 5-125　记账凭证

② 2016 年 5 月 21 日，甲企业收到银行转来的银行存款利息 3 500 元，会计人员根据相关凭证对该项经济业务进行核算，并编制如下会计分录。

借：银行存款　　3 500
　　贷：财务费用——利息收入　　3 500

针对上述业务，甲企业编制的记账凭证如图 5-126 所示。

收 款 凭 证

借方科目：银行存款　　2016 年 5 月 21 日　　银收字第 01 号

摘 要	贷方总账科目	明细科目	√	金额 千	百	十	万	千	百	十	元	角	分
收到存款利息	财务费用							3	5	0	0	0	0
合 计							¥	3	5	0	0	0	0

财务主管：××× 记账：××× 出纳：××× 审核：××× 制单：×××

图 5-126 银行存款收款凭证

③ 2016 年 5 月 31 日，甲企业结转本月财务费用 9 000 元。会计人员根据相关凭证对该项经济业务进行核算，并编制如下会计分录。

借：本年利润　　9 000
　贷：财务费用　　9 000

针对上述业务，甲企业编制的记账凭证如图 5-127 所示。

记 账 凭 证

字第 01 号　　2016 年 5 月 31 日　　附单据数：

摘 要	总账科目	二级或明细科目	借方金额	贷方金额
结转财务费用	本年利润		9 000	
	财务费用			9 000
合 计			9 000	9 000

财务主管：××× 记账：××× 出纳：××× 审核：××× 制单：×××

图 5-127 记账凭证

5.11 企业应交税费核算演练

5.11.1 应交增值税核算

增值税是我国强制征收的税种之一，征收范围包括购销业务以及视同销售的其他业务。如下分别演练了这两种情况的具体核算过程，供读者借鉴参考。

演练 5-65：购销业务增值税核算

① 2016 年 4 月 28 日，甲企业向乙企业销售商品一批，价款 100 000 元，增值税额为 17 000元，款项乙企业已通过银行支付。会计人员根据相关凭证对该项经济业务进行核算，并编制如下会计分录。

借：银行存款　　117 000

　　贷：主营业务收入　　100 000

　　　　应交税费——应交增值税（销项税额）　　17 000

针对上述业务，甲企业编制的记账凭证如图 5-128 所示。

收　款　凭　证

借方科目：银行存款　　2016 年 4 月 28 日　　银收字第 01 号

摘　要	贷方总账科目	明细科目	√	金额									
				千	百	十	万	千	百	十	元	角	分
商品销售	主营业务收入					1	0	0	0	0	0	0	0
	应交税费	应交增值税（销项税额）					1	7	0	0	0	0	0
合　计					¥	1	1	7	0	0	0	0	0

财务主管：×××　　记账：×××　　出纳：×××　　审核：×××　　制单：×××

图 5-128　银行存款收款凭证

② 2016 年 5 月 15 日，甲企业从丙企业购进原材料一批。价款 20 000 元，专用发票上注明的增值税额为 3 400 元，货款已全部支付，原材料尚未收到。会计人员根据相关凭证对该项经济业务进行核算，并编制如下会计分录。

付　款　凭　证

贷方科目：银行存款　　2016 年 5 月 15 日　　银付字第 01 号

摘　要	借方总账科目	明细科目	√	金额									
				千	百	十	万	千	百	十	元	角	分
支付材料款	在途物资	丙企业					2	0	0	0	0	0	0
	应交税费	应交增值税（进项税额）						3	4	0	0	0	0
合　计						¥	2	3	4	0	0	0	0

财务主管：×××　　记账：×××　　出纳：×××　　审核：×××　　制单：×××

图 5-129　银行存款付款凭证

借：在途物资——丙企业 20 000
　　应交税费——应交增值税（进项税额） 3 400
　　贷：银行存款 23 400

针对上述业务，甲企业编制的记账凭证如图 5-129 所示。

演练 5-66：视同销售业务增值税核算

① 2016 年 7 月 31 日，甲企业以原材料一批对乙企业进行长期股权投资，成本 400 000 元。双方经协商评估，确认该批原材料价值为 500 000 元，增值税额为 85 000 元。会计人员根据相关凭证对该项经济业务进行核算，并编制如下会计分录。

借：长期股权投资 500 000
　　贷：原材料 400 000
　　　　应交税费——应交增值税（销项税额） 85 000
　　　　营业外收入 15 000

针对上述业务，甲企业编制的记账凭证如图 5-130 所示。

记　账　凭　证

字第 01 号　　2016 年 7 月 31 日　　附单据数：

摘　要	总账科目	二级或明细科目	借方金额	贷方金额
对乙企业进行投资	长期股权投资		500 000	
	原材料			400 000
	应交税费	应交增值税（销项税额）		85 000
	营业外收入			15 000
合　计			500 000	500 000

财务主管：××× 记账：××× 出纳：××× 审核：××× 制单：×××

图 5-130　记账凭证 1

② 2016 年 6 月 10 日，甲企业收到丙企业作为投入资本的原材料一批，双方经协商评估，确认其价值为 30 000 元，增值税额为 5 100 元。投资合同约定，丙企业将获得甲企业 5%的股权，甲企业的注册资本总额为 500 000 元。会计人员根据相关凭证对该项经济业务进行核算，并编制如下会计分录。

借：原材料 30 000
　　应交税费——应交增值税（进项税额） 5 100
　　贷：实收资本——法人资本（丙企业） 25 000
　　　　资本公积——资本溢价 10 100

针对上述业务，甲企业编制的记账凭证如图 5-131 所示。

5.11.2 应交所得税核算

所得税是根据当期收入，按一定的比率与基准，由政府强制征收的税种。如下演练企业

记　账　凭　证

字第 02 号　　　　2016 年 6 月 10 日　　　　附单据数：

摘　要	总账科目	二级或明细科目	借方金额	贷方金额
丙企业以原材料注资	原材料		30 000	
	应交税费	应交增值税（进项税额）	5 100	
	实收资本	法人资本（丙企业）		25 000
	资本公积	资本溢价		10 100
合　计			35 100	35 100

财务主管：××× 　记账：××× 　出纳：××× 　审核：××× 　制单：×××

图 5-131　记账凭证 2

所得税的核算过程，供读者借鉴参考。

演练 5-67:

2016 年度，甲企业的应纳税所得额为 800 000 元，税率为 25%，税额为 200 000 元。会计人员根据相关凭证对该项经济业务进行核算，并编制如下会计分录。

借：所得税费用——当期所得税费用　　200 000
　　贷：应交税费——应交所得税　　200 000

针对上述业务，甲企业编制的记账凭证如图 5-132 所示。

记　账　凭　证

字第 01 号　　　　2016 年 12 月 31 日　　　　附单据数：

摘　要	总账科目	二级或明细科目	借方金额	贷方金额
计提应交税费	所得税费用	当期所得税费用	200 000	
	应交税费	应交所得税		200 000
合　计			200 000	200 000

财务主管：××× 　记账：××× 　出纳：××× 　审核：××× 　制单：×××

图 5-132　记账凭证

甲公司按规定时间上缴 2016 年所得税款 200 000 元，会计人员根据相关凭证对该项经济业务进行核算，并编制如下会计分录。

借：应交税费——应交所得税　　200 000
　　贷：银行存款　　200 000

针对上述业务，甲企业编制的记账凭证如图 5-133 所示。

付 款 凭 证

贷方科目：银行存款　　　　2016 年 12 月 31 日　　　　银付字第 01 号

摘　要	借方总账科目	明细科目	√	金额 千	百	十	万	千	百	十	元	角	分
支付税款	应交税费	应交所得税					2	0	0	0	0	0	0
合　计						¥	2	0	0	0	0	0	0

财务主管：×××　　记账：×××　　出纳：×××　　审核：×××　　制单：×××

图 5-133　银行存款付款凭证

5.12 税金及附加核算演练

“税金及附加”属于损益类科目，主要核算企业经营活动发生的营业税、消费税、城市维护建设税、资源税和教育费附加等相关税费。如下演练了税金及附加的具体核算过程，供读者借鉴参考。

演练 5-68：税金及附加核算

甲企业计提 2016 年 5 月份的税金及附加，核算总额为 8 500 元，其中消费税为 5 500 元，城市维护建设税为 1 800 元，教育费附加为 1 200 元。会计人员根据相关凭证对该项经济业务进行核算，并编制如下会计分录。

借：税金及附加　　　　8 500
　　贷：应交税费——消费税　　　　5 500
　　　　　　　　——城市维护建设税　　　　1 800
　　　　　　　　——教育费附加　　　　1 200

针对上述业务，甲企业编制的记账凭证如图 5-134 所示。

记 账 凭 证

字第 01 号　　　　2016 年 5 月 31 日　　　　附单据数：

摘　要	总账科目	二级或明细科目	借方金额	贷方金额
计提营业税金及附加	税金及附加		8 500	
	应交税费	消费税		5 500
		城市维护建设税		1 800
		教育费附加		1 200
合　计			8 500	8 500

财务主管：×××　　记账：×××　　出纳：×××　　审核：×××　　制单：×××

图 5-134　记账凭证 1

甲企业按规定时间上缴各项税费，会计人员根据相关凭证对该项经济业务进行核算，并编制如下会计分录。

借：应交税费——消费税　　5 500
　　　　　　——城市维护建设税　　1 800
　　　　　　——教育费附加　　1 200
　　贷：银行存款　　8 500

针对上述业务，甲企业编制的记账凭证如图 5-135 所示。

付　款　凭　证

贷方科目：银行存款　　2016 年 5 月 31 日　　银付字第 01 号

摘　要	借方总账科　目	明细科目	√	千	百	十	万	千	百	十	元	角	分
				金额									
缴纳税费	应交税费	消费税						5	5	0	0	0	0
		城市维护建设税						1	8	0	0	0	0
		教育费附加						1	2	0	0	0	0
合　计							¥	8	5	0	0	0	0

财务主管：×××　　记账：×××　　出纳：×××　　审核：×××　　制单：×××

图 5-135　银行存款付款凭证

会计人员结转 2016 年 5 月份的税金及附加，编制如下会计分录。

借：本年利润　　8 500
　　贷：税金及附加　　8 500

针对上述业务，甲企业编制的记账凭证如图 5-136 所示。

记　账　凭　证

字第 02 号　　2016 年 5 月 31 日　　附单据数：

摘　要	总账科目	二级或明细科目	借方金额	贷方金额
结转营业税金及附加	本年利润		8 500	
	税金及附加			8 500
合　计			8 500	8 500

财务主管：×××　　记账：×××　　出纳：×××　　审核：×××　　制单：×××

图 5-136　记账凭证 2

5.13 企业期间利润核算演练

5.13.1 本年利润核算

本年利润即企业当年实现的净利润，会计人员在核算时应当转入当期的各项收入、收益与各项成本、费用、支出。如下演练了本年利润的核算过程，供读者借鉴参考。

演练 5-69:

2015 年 12 月 31 日，甲企业进行期末结转利润，并首先核算了当期的各项收入与收益，具体包括主营业务收入 850 000 元，其他业务收入 65 000 元，营业外收入 94 000 元，投资收益 650 000 元，公允价值变动损益 20 000 元。会计人员根据相关凭证对该项经济业务进行核算，并编制如下会计分录。

借：主营业务收入　850 000
　　其他业务收入　65 000
　　营业外收入　94 000
　　投资收益　650 000
　　公允价值变动损益　20 000
　　贷：本年利润　1 679 000

针对上述业务，甲企业编制的记账凭证如图 5-137 所示。

记　账　凭　证

字第 01 号　　2015 年 12 月 31 日　　附单据数：

摘　要	总账科目	二级或明细科目	借方金额	贷方金额
核算本年利润	主营业务收入		850 000	
	其他业务收入		65 000	
	营业外收入		94 000	
	投资收益		650 000	
	公允价值变动损益		20 000	
	本年利润			1 679 000
合　计			1 679 000	1 679 000

财务主管：××× 记账：××× 出纳：××× 审核：××× 制单：×××

图 5-137 记账凭证 1

会计人员结转当期的各项成本、费用与支出，具体包括主营业务成本 430 000 元，税金及附加 33 000 元，其他业务成本 15 000 元，销售费用 12 000 元，管理费用 87 000 元，财务费用 65 000 元，资产减值损失 5 600 元，营业外支出 15 000 元，所得税费用 80 000 元。会计人员根据相关凭证对该项经济业务进行核算，并编制如下会计分录。

借：本年利润　　742 600
　　贷：主营业务成本　　430 000
　　　　税金及附加　　33 000
　　　　其他业务成本　　15 000
　　　　销售费用　　12 000
　　　　管理费用　　87 000
　　　　财务费用　　65 000
　　　　资产减值损失　　5 600
　　　　营业外支出　　15 000
　　　　所得税费用　　80 000

针对上述业务，甲企业编制的记账凭证如图 5-138 所示。

记　账　凭　证

字第 02 号　　2015 年 12 月 31 日　　附单据数：

摘　要	总账科目	二级或明细科目	借方金额	贷方金额
结转成本、费用	本年利润		742 600	
	主营业务成本			430 000
	其他业务成本			15 000
	销售费用			12 000
	管理费用			87 000
	财务费用			65 000
	资产减值损失			5 600
	营业外支出			15 000
	所得税费用			80 000
合　计			742 600	742 600

财务主管：×××　记账：×××　出纳：×××　审核：×××　制单：×××

图 5-138　记账凭证 2

记　账　凭　证

字第 03 号　　2015 年 12 月 31 日　　附单据数：

摘　要	总账科目	二级或明细科目	借方金额	贷方金额
结转本年利润	本年利润		936 400	
	利润分配	未分配利润		936 400
合　计			936 400	936 400

财务主管：×××　记账：×××　出纳：×××　审核：×××　制单：×××

图 5-139　记账凭证 3

会计人员将 2015 年度的收入与支出相抵后结出本年实现的净利润，共计 936 400 元。会计人员将本年利润转入利润分配，并编制如下会计分录。

借：本年利润　　936 400
　　贷：利润分配——未分配利润　　936 400

针对上述业务，甲企业编制的记账凭证如图 5-139 所示。

5.13.2 利润分配核算

“利润分配”属于所有者权益类科目，如下演练了利润分配的具体核算过程，供读者借鉴参考。

演练 5-70:

2015 年 12 月 31 日，甲企业从当年实现的净利润 936 400 元中提取 10% 的法定盈余公积 93 640 元，并提取 70 000 元的任意盈余公积。会计人员将本年利润转入利润分配，并编制如下会计分录。

借：利润分配——提取法定盈余公积　　93 640
　　利润分配——提取任意盈余公积　　70 000
　　贷：盈余公积——法定盈余公积　　93 640
　　　　盈余公积——任意盈余公积　　70 000

针对上述业务，甲企业编制的记账凭证如图 5-140 所示。

记　账　凭　证

字第 01 号　　2015 年 12 月 31 日　　附单据数：

摘　要	总账科目	二级或明细科目	借方金额	贷方金额
利润分配核算	利润分配	提取法定盈余公积	93 640	
	利润分配	提取任意盈余公积	70 000	
	盈余公积	法定盈余公积		93 640
	盈余公积	任意盈余公积		70 000
合　计			163 640	163 640

财务主管：×××　记账：×××　出纳：×××　审核：×××　制单：×××

图 5-140　记账凭证 1

2016 年 3 月 5 日，甲企业根据股东大会决议分派普通股股利 85 000 元，会计人员将本年利润转入利润分配，并编制如下会计分录。

借：利润分配——应付现金股利　　85 000
　　贷：应付股利　　85 000

针对上述业务，甲企业编制的记账凭证如图 5-141 所示。

2016 年 12 月 31 日，甲企业会计人员将“利润分配”各明细科目转入“利润分配——未分配利润”，并编制如下会计分录。

记 账 凭 证

字第 02 号　　2016年3月5日　　附单据数：

摘　要	总账科目	二级或明细科目	借方金额	贷方金额
分配股利	利润分配	应付现金股利	85 000	
	应付股利			85 000
合　计			85 000	85 000

财务主管：×××　记账：×××　出纳：×××　审核：×××　制单：×××

图 5-141　记账凭证 2

借：利润分配——未分配利润　248 640

　贷：利润分配——提取法定盈余公积　93 640

　　利润分配——提取任意盈余公积　70 000

　　利润分配——应付现金股利　85 000

针对上述业务，甲企业编制的记账凭证如图 5-142 所示。

记 账 凭 证

字第 03 号　　2016年12月31日　　附单据数：

摘　要	总账科目	二级或明细科目	借方金额	贷方金额
对年终已分配利润的结转	利润分配	未分配利润	248 640	
	利润分配	提取法定盈余公积		93 640
	利润分配	提取任意盈余公积		70 000
	利润分配	应付现金股利		85 000
合　计			248 640	248 640

财务主管：×××　记账：×××　出纳：×××　审核：×××　制单：×××

图 5-142　记账凭证 3

Chapter 06

第 6 章

实账演练——期末调账、对账、结账

6.1 期末调整的 4 大账项

6.1.1 预收收入

预收收入是指按权责发生制本期尚未实现但已预先收到款项的收入。预收收入虽已收到款项，但不能直接计入当期收入，而应在后期收入实现时进行递延确认。因此，在每期的会计期期末，都要对预收收入账项进行调整，将已实现的部分转为本期的收入，未实现的部分递延到以后会计期间。

现以出租房屋租金收入为例，演练预收收入的核算过程，供读者借鉴参考。

演练 6-1:

A 公司在 2015 年 1 月 1 日租出一间房屋，租期为 1 年，收到 1 年的租金 30 000 元。该业务核算中 40 000 元租金在 2013 年内将全部作为收入。但对于 1 月份而言，其租金收入只是其中的 1/12，即 2 500 元，其余的 11/12，即 27 500 元，是属于企业款项已收，但劳务尚未提供的款项，即预收收入，这 27500 元的预收收入将在以后的 11 个月内陆续转为收入。对于 30 000 元的预收租金，进行了如下会计处理。

① 2015 年 1 月 1 日，A 公司收到租金时，会计人员应编制如下会计分录。

借：银行存款	30 000	
贷：预收账款		30 000

② 到 1 月月末，A 公司会计人员应编制如下会计分录。

借：预收账款	2500	
贷：其他业务收入——租金收入		2500

6.1.2 应计收入

应计收入是指按权责发生制已经实现但本期尚未收到款项的收入。它主要是指企业向外界提供劳务或财产物资使用权而尚未收到款项的收入，如应收的租金收入、应收的银行存款利息收入等。应计收入应计入当期收入，故而在资产负债表日应当对本期收入记录进行调整，以免出现企业收入与资产被低估等现象。

现以出租仓库收取租金收入为例，演练应计收入的核算过程，供读者借鉴参考。

演练 6-2:

A 公司在 2016 年 1 月份，将闲置的仓库租给 B 公司，租期为半年，租金为 12 000 元，A 公司在 1 月月底尚未收到租金。从权责发生制角度看，因其提供了财产物资的使用权，1 月份应确认 1 个月的租金收入，其会计分录如下。

借：其他应收款	2 000	
贷：其他业务收入——租金收入		2 000

6.1.3 预付费用

预付费用是指本期尚未发生但已然事先支付的费用。预付费用虽已支付，但不能计入本期费用，而应递延至费用实际发生时。

在实际工作中，“长期待摊费用”账户反映一部分预付费用。“长期待摊费用”是一个资产类账户，在资产负债表中应作为长期资产项目列示。

现用经营租入固定资产改良支出为例，演练预付费用的核算过程，供读者借鉴参考。

演练 6-3:

A 公司经营租入某机器设备，并于 2016 年年初完成对该设备的技术改良，租期为 3 年，该设备的尚可使用年限为 5 年，支出 3600 元。到 1 月月底，企业已享有该改良 1 个月的受益，当月应负担改良费用 100 元，进行了如下会计处理。

① 1 月月底，A 企业会计人员应编制如下会计分录。

借：制造费用	100	
贷：长期待摊费用		100

② 从 2 月份起，每月均摊销 100 元，会计分录同上。

6.1.4 应计费用

应计费用是指本期已实际发生但尚未实际支付的各项费用。应计费用在确认后，应通过账项调整计入本期费用中，以避免负债和费用被低估。具体的调整因应计费用的内容而异，常见的有“其他应付款”“预计负债”“应交税费”等项目。

（1）其他应付款

企业有许多服务费用是在对方提供服务后才分次或一次性支付的，由此形成企业已受益或享受了服务，但尚未支付服务费的应付服务费项目。在实际工作中，对于这些项目，在每个会计期末，应按照权责发生制的要求进行账项调整，将这些应付而未付的服务费借记“制造费用”“管理费用”等账户，贷记“其他应付款”账户。

演练 6-4:

2016 年 4 月初，A 公司向 B 公司租入包装物，租金每月为 100 元，至月末 A 公司尚未支付包装物租金。由于 A 公司已享受了租赁服务，因此，应确认与这笔服务相关的费用。月末，A 公司会计人员应编制如下调整分录。

借：管理费用　　100
　　贷：其他应付款——包装物租金　　100

（2）预计负债

预计负债核算的是由于或有事项的存在，企业预先提存的应由本期负担的负债，如对外提供担保、未决诉讼、产品质量保证等很可能产生的负债。

以对外提供担保为例，若企业作为其他企业债务的连带担保人，一旦被担保企业由于财务困境无法偿还债务，就需由担保企业偿还。在资产负债表日债务尚未到期时，若被担保企业有迹象表明其存在财务危机，担保企业就需要计提预计负债。在账项调整时，将预计的未来将付的款项计入“营业外支出”账户的借方，同时设置“预计负债”账户，将相同的期末贷方余额，反映公司已预计但尚未支付的债务。

演练 6-5:

2016 年 2 月，A 公司为 B 公司的 10 万元银行贷款提供担保，若 B 公司无力还款，A 公司需承担连带责任。2016 年 12 月 31 日，A 公司发现 B 公司存在财务危机迹象，可能无力全部偿还 10 万元银行贷款，经过分析，A 企业提取的预计负债为 5 万元。A 公司会计人员应编制如下会计分录。

借：营业外支出——担保支出　　50 000
　　贷：预计负债　　50 000

（3）应交税费

企业应按照税法规定，向国家缴纳各种税款。有些税种是发生时直接支付的，在支付时，借记“管理费用”账户，贷记“银行存款”或“现金”账户，这些税种不需要进行账项调整。但有些税种是根据营业额或收入额，按规定税率计算，于下月初缴纳的，如消费税等。为了正确计算企业的营业利润，必须将应由本期承担的税金进行账项调整。期末调整时，借记“税金及附加”等账户，贷记“应交税费”账户。

演练 6-6:

2016 年 1 月份 A 公司的营业额为 100 000 元，消费税税率为 5%，计算出应交消费税为 5 000 元。月底，会计人员应编制的会计分录如下。

借：税金及附加　　5 000
　　贷：应交税费　　5 000

6.2 期末对账的3种方法

6.2.1 账证核对法

账证核对是指将账簿记录与有关会计凭证相互核对。具体来讲，总分类账的记录应与有关记账凭证核对相符；明细分类账的记录除了要与有关记账凭证核对相符外，有的还要与有关原始凭证的记录核对相符。

账证核对法是将账簿记录与据以记账的会计凭证逐笔核对。由于这种核对的方法工作量很大。因此，只是在发生记账差错或查找差错原因等时采用。

6.2.2 账账核对法

账账核对是指将各账簿之间的有关数字相互核对。具体包括图 6-1 所示四项内容。

账账核对的四项内容：

- 各总分类账户的本期借方发生额合计数与贷方发生额合计数应核对相符，期末借方余额合计数与贷方合计数应核对相符
- 总分类账现金账户和银行存款账户的本期借方发生额、贷方发生额和期末余额应与现金日记账和银行存款日记账的本期借方发生额、贷方发生额和期末余额核对相符
- 各总分类账户的本期借方发生额、贷方发生额和期末余额应与所属明细分类账户的本期借方发生额合计数、贷方发生额合计数和期末余额合计数核对相符
- 会计部门的各种财产物资明细分类账户的期末余额，应与各种财产物资保管部门的有关保管明细账（卡）的储存数核对相符

图 6-1　账账核对内容

上述四种账账核对内容，应根据不同情况采用以下两种不同的核对方法。

（1）总分类账户之间的核对

检查各总分类账户的登记是否正确，应通过编制总分类账户试算表的方法进行。总分类账户试算表是将各总分类账户的期初余额、本期发生额以及期末余额分别填列，汇总编制的六栏式试算表，其格式如表 6-1 所示。

表 6-1　总分类账户试算表

____年__月__日

账户名称	期初余额		本期发生额		期末余额	
	借方	贷方	借方	贷方	借方	贷方
合计						

演练 6-7：总分类账户试算表的编制

A 商贸公司 2016 年 6 月份初有关账户的余额如表 6-2 所示。

表 6-2 A 商贸公司账户余额表

2016 年 6 月

账　户	余　额
库存现金	4 700
银行存款	334 500
应收账款	34 000
库存商品	1 405 000
固定资产	189 000
短期借款	200 000
应付账款	210 200
实收资本	1 000 000
本年利润	107 000
利润分配	450 000

6 月份该公司发生了如下经济业务：

① 向 B 公司购入商品 330 000 元，货已验收入库，货款尚未支付。

② 用银行存款归还以前所欠货款 15 000 元。

③ 从 C 公司收回所欠账款 22 000 元，存入银行。

④ 购入管理用设备 20 000 元，以银行存款支付。

⑤ 用银行存款支付本月公用事业费 5 800 元。

⑥ 结算本月工资，销售人员工资为 120 000 元，管理人员工资为 56 000 元。

⑦ 以库存现金支付本月各种杂费 2 000 元。

⑧ 本月销售商品实现收入 1 168 000 元，销售款已存入银行。

⑨ 本月应付银行短期借款利息 500 元。

⑩ 结转本月已销售商品的实际成本 689 000 元。

编制 A 公司的试算平衡表，如表 6-3 所示。

表 6-3 A 公司的试算平衡表

2016 年 6 月 30 日　　　　单位：元

账户名称	期初余额		本期发生额		期末余额	
	借方	贷方	借方	贷方	借方	贷方
库存现金	4 700		0	2 000	2 700	
银行存款	334 500		1 190 000	40 800	1 483 700	
应收账款	34 000		0	22 000	12 000	
库存商品	1 405 000		330 000	689 000	1 046 000	
固定资产	189 000		20 000	0	209 000	
短期借款		200 000	0	0		200 000

续表

账户名称	期初余额		本期发生额		期末余额	
	借方	贷方	借方	贷方	借方	贷方
应付账款		210 200	15 000	330 000		525 200
应付职工薪酬		0	0	176 000		176 000
应付利息		0	0	500		500
实收资本		1 000 000	0	0		1 000 000
本年利润		107 000	0	0		107 000
利润分配		450 000	0	0		450 000
销售费用	0		120 000	0	120 000	
管理费用	0		63 800	0	63 800	
财务费用	0		500	0	500	
主营业务收入		0	0	1 168 000		1 168 000
主营业务成本	0		689 000	0	689 000	
合计	1 967 200	1 967 200	2 428 300	2 428 300	3 626 700	3 626 700

（2）总分类账户与明细账户之间的核对

检查总分类账户和明细分类账户的登记是否正确，一般采取以下两种核对方法：

① 根据明细分类账户的资料，编制本期发生额及余额明细表，与有关总分类账户的相应素质进行核对，如有不符，则应查明原因更正。

② 将总分类账户的相应数字与所属明细分类账户的本期发生额和余额相加之和直接进行核对，以减少编制本期发生额及余额明细表的工作。

6.2.3 账实核对法

账实核对是指将账簿记录与各种财产物资、货币资金、债权债务等的实有数相互核对。具体的核对内容包括图 6-2 所示的四项。

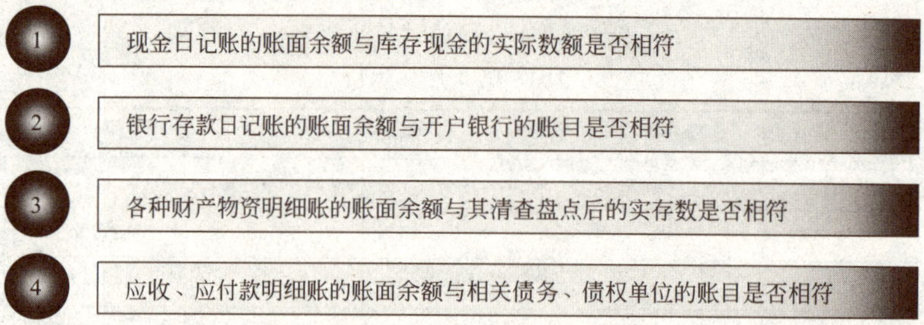

图 6-2 账实核对的内容

账实核对法又称财产清查法，是对各种不同的财产物资应采用的方法。在 6.3 节中将详细加以说明。

6.3 财产清查的 4 项内容

6.3.1 实物清查规范与实操演练

（1）实物清查规范

实物清查主要是对存货和固定资产的清查。为了明确责任，实物清查时实物资产管理人员必须到场。盘点结束后，盘点人应根据盘点结果填制“盘存单”（格式如表 6-4 所示），并由盘点人和实物资产管理人员分别签章。

表 6-4 盘存单格式

财产类别：

存放地点： 年 月 日 编号：

编号	名称	规格型号	计量单位	数量	单价	金额	备注

盘点人员（签章）： 保管人员（签章）：

盘存单一式三联：一联交由清点人员留存备查，一联交由实物保管人员保存，最后一联交由财务部门以便对账。会计人员核对完盘存单和会计账簿后，应填制“账存实存对比表”（格式如表 6-5 所示），从而为账实不符时的原因分析与账簿调整提供原始依据。

表 6-5 账存实存对比表格式

年 月 日

编号	名称及规格	计量单位	单价	实存		账存		盘盈		盘亏		备注
				数量	金额	数量	金额	数量	金额	数量	金额	

（2）实物清查演练

如下演练了实物清查的实操示范，供读者借鉴参考。

演练 6-8:

2016 年 11 月 21 日，甲企业临时对库存原材料 A 进行突击清查，盘点人员按要求对原材料 A 进行清点，并依据清点结果填制盘存单，具体如表 6-6 所示。

表 6-6 盘存单

财产类别：存货

存放地点：仓库 1　　　　2016 年 11 月 21 日　　　　编号：

编号	名称	规格型号	计量单位	数量	单价	金额	备注
××	原材料 A	—	千克	100	700	70 000	

盘点人员（签章）：×××　　　　保管人员（签章）：×××

会计人员依据盘存单与有关账簿的登记记录进行核对，并依据核对结果填制账存实存对比表，具体如表 6-7 所示。

表 6-7 账存实存对比表

2016 年 11 月 21 日

编号	名称规格	计量单位	单价	实存		账存		盘盈		盘亏		备注
				数量	金额	数量	金额	数量	金额	数量	金额	
××	原材料A	千克	700	100	70 000	110	77 000			10	7 000	

复核人：×××　　　　编制人：×××

会计人员依据账存实存对比表，对原材料 A 的盘亏原因进行调查分析，明确盘亏形成的经济责任，并将调查得到的盘亏原因填入账存实存对比表的备注栏中。

6.3.2 库存现金清查规范与实操演练

（1）库存现金清查规范

库存现金的清查一般由盘点人员与现金出纳人员共同完成。盘点前，出纳人员与会计人员应保证所有已发生的现金收付业务全部登记入账，并结出余额。

盘点过程中，现金应逐张清点，并比照会计账簿查明账实是否相符，是否存在违反现金管理制度的情况，是否有“白条”抵充现金、坐支现金等违规行为。

盘点结束后，盘点人员根据盘点结果填制“库存现金盘点报告表”（格式如表 6-8 所示），并由盘点人员和出纳人员签名盖章，会计人员依据库存现金盘点报告表核查账目与凭证，明确账实不符的原因与经济责任。

表 6-8 库存现金盘点报告表格式

年　月　日

实存金额	账存金额	对比结果		备注
		盘盈	盘亏	

盘点人（签章）：　　　　出纳员（签章）：

（2）库存现金清查实操演练

如下演练了实物清查的实操示范，供读者借鉴参考。

演练 6-9:

2016 年 6 月 30 日，甲企业按例对库存现金进行清查。盘点人员与出纳人员依照有关账簿进行核对，并根据盘点结果编制“库存现金盘点报告表”，具体如表 6-9 所示。

表 6-9 库存现金盘点报告表

2016 年 6 月 30 日

实存金额	账存金额	对比结果		备注
		盘盈	盘亏	
5 300	5 000	300		

盘点人（签章）：××× 出纳员（签章）：×××

6.3.3 银行存款清查规范与实操演练

（1）银行存款清查规范

银行存款清查主要核对银行存款日记账与开户银行的对账单，以查明账实是否相符，对于发现的记账错误应及时进行更正。倘若双方记账并未出现错误，而余额仍然不等，则很有可能是由“未达账项”造成的。

未达账项是指银行与企业之间，由于凭证传递时间的不同，而造成一方已记账，而另一方由于未接到凭证而未登记入账的款项。清查人员在清查银行存款时，应明确双方未达账项的金额，并填制“银行存款余额调节表”（格式如表 6-10 所示），以消除未达账项的影响。

表 6-10 银行存款余额调节表格式

年 月 日 单位：

项目	金额	项目	金额
银行存款对账单余额		银行对账单余额	
加:银行已收,企业未收		加:企业已收,银行未收	
减:银行已付,企业未付		减:企业已付,银行未付	
合计		合计	

（2）银行存款清查实操演练

如下演练了银行存款清查的实操示范，供读者借鉴参考。

演练 6-10:

甲企业 2016 年 3 月 31 日银行存款日记账的余额为 58 640 元，同日收到银行开来的对账单，余额为 63 800 元。经逐笔核对，双方均无错账，发现有如下未达款项：

① 3 月 26 日，公司委托银行代收的销货款 4 000 元，银行已收妥入账，公司尚未接到

银行收款通知。

② 3 月 28 日，公司购买材料，开出转账支票一张，计 7 000 元，持票人尚未向银行兑现。

③ 3 月 31 日，公司存入银行的其他企业转账支票一张，计 5 200 元，银行尚未入账。

④ 3 月 31 日，公司送存银行的销货现金 3 500 元，银行尚未入账。

⑤ 3 月 31 日，银行代公司支付电费 1 200 元，水费 800 元，公司尚未接到付款通知，因此尚未入账。

⑥ 3 月 31 日，银行收到保险公司赔偿本公司的火灾损失款 4 860 元，但公司尚未收到银行的收款通知。

根据上述未达款项，编制银行存款余额调节表，如表 6-11 所示。

表 6-11　银行存款余额调节表

2016 年 3 月 31 日　　单位：元

项目	金额	项目	金额
银行存款对账单余额	58 640	银行对账单余额	63 800
加:银行已收,企业未收 ① 3/26 代收销货款 ② 3/31 保险赔偿	 4 000 4 860	加:企业已收,银行未收 ① 3/31 转账支票 ② 3/31 销货现金	 5 200 3 500
减:银行已付,企业未付 ① 3/31 代交水电费	 2 000	减:企业已付,银行未付 ① 3/28 开出支票	 7 000
合计	65 500	合计	65 500

6.3.4　往来款项清查规范与实操演练

(1) 往来款项清查规范

往来款项清查是通过与对方企业核对账目的方法，核查企业与外部企业各类往来款项的真实性与准确性。

企业在清查往来款项时，首先应检查账簿记录是否正确，而后编制“往来款项对账单”，通过电函、信函或派人送交等方式，请对方进行核对。往来款项对账单一式两联，一联由对方企业保存；另一联为回单联，在对方企业核对后，注明核对结果并加盖公章退回。

企业会计人员根据对方企业退回的对账单回单联，对未达款项进行调节（与银行存款余额调节方法一致），并根据清查结果编制“往来款项清查报告表”(格式如表 6-12 所示)。

表 6-12　往来款项清查报告表

年　月　日　　单位：元

总分类账户	明细分类账户	清查结果		差异额及原因说明	
		本企业账面余额	对方账面余额	差异额	差异原因说明
应付账款	乙企业	0	0	0	

记账人员（签章）：　　清查人员（签章）：

(2) 往来款项清查实操演练

如下演练了往来款项清查的实操示范，供读者借鉴参考。

演练 6-11:

2016 年 5 月 30 日，甲企业向乙企业采购 A 产品 1 000 件，共计价款 50 000 元，货款已支付。2016 年 5 月 31 日，甲企业对该项经济业务的往来款项进行清查，会计人员首先对账簿记录进行检查，在确认无误后，向企业发送往来款项对账单，具体如表 6-13 所示。

表 6-13 往来款项对账单

往来款项对账单

乙企业：

你单位 2016 年 5 月 30 日向我公司销售 A 产品 1 000 件，款项 50 000 元我公司已全额支付，请核对后将回联单寄回。

清查单位：(盖章)甲企业

2016 年 5 月 31 日

2016 年 6 月 1 日，乙企业收到往来款项对账单，对该笔款项进行核对，并未发现异常问题。乙企业在回单联注明核对结果，并将其退还给甲企业，具体如表 6-14 所示。

表 6-14 往来款项对账单（回联）

往来款项对账单(回联)

甲企业：

你单位寄来的“往来款项对账单”已经收到，经核对相符无误。

单位：(盖章)乙企业

2016 年 6 月 1 日

2016 年 6 月 2 日，甲企业收到乙企业退回的往来款项对账单的回单联，编制往来款项清查报告表，具体如表 6-15 所示。

表 6-15 往来款项清查报告表

2016 年 6 月 2 日　　　　单位：元

总分类账户	明细分类账户	清查结果		差异额及原因说明	
		本企业账面余额	对方账面余额	差异额	差异原因说明
应付账款	乙企业	0	0	0	

记账人员（签章）：　　　　清查人员（签章）：

6.4 盘盈盘亏的处理方法

6.4.1 盘盈处理规范与实操演练

(1) 盘盈处理规范

盘盈是指实物数大于账面数的情况。对于财产清查中各种材料、在产品和产成品的盘盈，属于自然升溢的部分，应冲减费用；属于多收或少付的部分，应由企业分别退还或补付。

（2）盘盈处理实操演练

如下分别演练了各类财产清查盘盈账务处理的实操示范，供读者借鉴参考。

演练 6-12：实物盘盈处理

甲企业在实物清查中，发现库存的材料 A 比账面数多出 50 千克，共计价值 3 000 元。会计人员针对该类存货盘盈，应贷记“管理费用”科目，会计人员应编制如下会计分录。

借：材料	3 000	
贷：管理费用		3 000

甲企业在实物清查中，发现设备 A 比账面数多出 10 台，共计价值 15 000 元，会计人员针对该类固定资产盘盈，应贷记“以前年度损益调整”，会计人员应编制如下会计分录。

借：固定资产	15 000	
贷：以前年度损益调整		15 000

演练 6-13：库存现金盘盈处理

甲企业在库存现金清查中，发现库存现金实际数额比账面余额多出 800 元。会计人员应编制如下会计分录。

借：库存现金	800	
贷：待处理财产损益——待处理流动资产损益		800

经核查，盘盈现金中有 500 元是应付给乙企业的款项，其余 300 元无法查明原因。会计人员针对库存现金盘盈应编制如下会计分录。

借：待处理财产损益——待处理流动资产损益	800	
贷：其他应付款——乙企业		500
营业外收入		300

演练 6-14：银行存款盘盈处理

银行存款清查发现盘盈时，双方余额经调节后应该相等，因此不需要进行额外的账务处理。假设调节后仍不相等，则表明某一方的账簿记录存在错误，应进一步查明原因，进行更正处理。

6.4.2 盘亏处理规范与实操演练

（1）盘亏处理规范

盘亏是指实物数小于账面数的情况。对于财产清查中各种材料、在产品和产成品的盘亏毁损，属于自然损耗的部分，应增加费用；属于人为过失部分，由过失人负责赔偿，应增加其他应收款；属于经营损失部分，应增加费用；属于不可抗拒的自然灾害的损失，应增加营业外支出。

(2) 盘亏处理实操演练

如下分别演练了各类财产清查盘亏账务处理的实操示范，供读者借鉴参考。

演练 6-15：实物盘亏处理

甲企业在实物清查中发现，库存材料盘亏，盘亏的材料实际成本为 10 000 元，增值税进项额为 1 700 元。经核查，盘亏原因为会计人员账簿记录错误。此类情况的存货盘亏应编制如下会计分录。

借：管理费用	11 700	
贷：材料		10 000
应交税费——应交增值税（进项税额转出）		1 700

同以上述盘亏情况为例，假设经核查，盘亏是由于仓库管理人员王某的个人过失造成的，并处罚其赔偿全部损失的材料款，则应编制如下会计分录。

借：其他应收款——王某	11 700	
贷：材料		10 000
应交税费——应交增值税（进项税额转出）		1 700

同以上述盘亏情况为例，假设经核查，盘亏是由于自然灾害造成的，保险公司同意赔偿 5 000 元，则应编制如下会计分录。

借：其他应收款——保险公司	5 000	
营业外支出——非常损失	6 700	
贷：材料		10 000
应交税费——应交增值税（进项税额转出）		1 700

甲企业在实物清查中发现盘亏设备一台，账面原值为 20 000 元，已提折旧 5 000 元。针对此类固定资产盘亏情况，会计人员应编制如下会计分录。

借：待处理财产损益——待处理非流动资产损益	15 000	
累计折旧	5 000	
贷：固定资产		20 000

演练 6-16：库存现金盘亏处理

甲企业在实物清查中发现库存现金的实有数比账面余额少了 700 元。会计人员编制如下会计分录。

借：待处理财产损益——待处理流动资产损益	700	
贷：库存现金		700

经核查，该笔现金盘亏是由于出纳员郑某的个人过失造成的，按企业有关制度规定，该笔盘亏损失需由郑某全部赔偿。针对此类库存现金盘亏情况，会计人员应编制如下会计分录。

借：其他应收款——郑某　　700
　　贷：待处理财产损益——待处理流动资产损益　　700

以上述盘亏情况为例，假设经核查无法查明盘亏原因，则会计人员应编制如下会计分录。

借：管理费用　　700
　　贷：待处理财产损益——待处理流动资产损益　　700

演练　6-17：银行存款盘亏处理

银行存款的盘亏处理与盘盈处理相同。

6.5 账户结账的实操演练

结账是将在一定会计期间内所发生的经济业务全部登记入账的基础上，按照规定对该期内的账簿记录进行小结，结算出本期发生额与期末余额，并将余额结转到下期或转入新账的会计程序。

为了做好结账工作，在结账之前，应该做好以下三项准备工作，具体如图 6-3 所示。

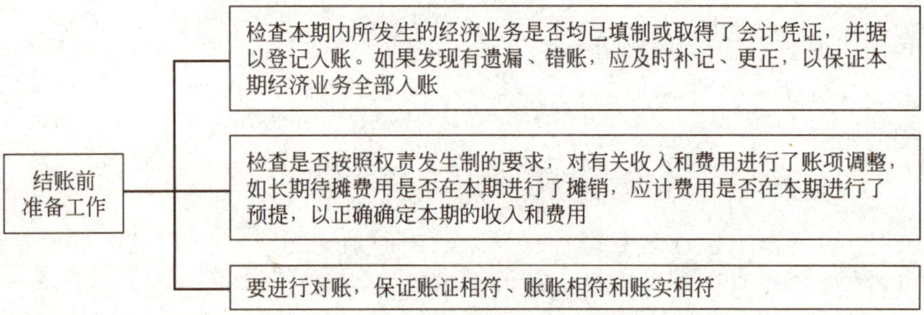

图 6-3　结账前准备工作

6.5.1　收入、费用类账户结账

（1）收入、费用类账户结账规范

为了确定本期的利润（或亏损），期末要结出各种收入、费用类账户的本期发生额和余额，然后将这类账户的余额结转至“本年利润”账户，在“本年利润”账户中计算出本期利润（或亏损）。经过上述结转后，各种收入、费用类账户即予结平，没有余额。

收入、费用类账户结账时，应在最后一笔业务，即转入“本年利润”账户下，划一条单红线。然后，在单红线下的“摘要”栏内注明“本期发生额及余额”，在加计借、贷方发生额，显示双方金额相等后，在“余额”栏写上“0”字。最后，在“本期发生额及余额”一行下划一条双红线，以表示该账户月底已结平，无余额。下月份可在双红线下连续登记。

（2）收入、费用类账户结账实操演练

下面以收入类账户中的“主营业务收入”和费用类账户中“销售费用”账户为例，说明各种收入、费用类账户的结账方法。

演练 6-18：主营业务收入结账

2016 年 3 月份，甲企业的主营业务收入分别如下。

① 3 月 5 日，甲企业销售主营产品 A，其收入金额为 58 000 元。

② 3 月 15 日，甲企业销售主营产品 B，其收入金额为 32 000 元。

③ 3 月 25 日，甲企业销售主营产品 C，其收入金额为 60 000 元。

④ 3 月 30 日，将企业主营业务收入结转至“本年利润”。

该账户的结转格式如表 6-16 所示。

表 6-16 主营业务收入账户结转

2016 年		凭证号	摘要	借方	贷方	借或贷	余额
月	日						
3	5		销货 A		58 000	贷	58 000
3	15		销货 B		32 000	贷	90 000
3	25		销货 C		60 000	贷	150 000
3	30		结转“本年利润”	150 000		平	0
3	30		本期发生额及余额	150 000	150 000	平	0

演练 6-19：销售费用结账

2016 年 4 月份，甲企业为配合 A 产品销售发生如下费用。

① 4 月 6 日，甲企业支付销售 A 产品的场地宣传费 1 200 元。

② 4 月 15 日，甲企业支付 A 产品的宣传手册印刷费 1 800 元。

③ 4 月 28 日，甲企业支付销售 A 产品的人员工资 5 000 元。

④ 4 月 30 日，甲企业将上述销售费用结转“本年利润”。

该账户的结转格式如表 6-17 所示。

表 6-17 销售费用账户结转

2016 年		凭证号	摘要	借方	贷方	借或贷	余额
月	日						
4	6		发生费用	1 200		借	1 200
4	15		发生费用	1 800		借	3 000
4	28		发生费用	5 000		借	8 000
4	30		结转“本年利润”		8 000	平	0
4	30		本期发生额及余额	8 000	8 000	平	0

6.5.2 资产、负债和所有者权益类账户结账

资产、负债和所有者权益类账户的结账工作，主要是结出各账户的本期发生额和期末余

额。按其结转的时间，可分为月度结转和年度结转。

（1）月度结转

月度结转是指在月度终了时，在账簿中计算出资产、负债和所有者权益账户的本期发生额和期末余额，并将期末余额转入下月，作为下月的期初余额。

资产、负债和所有者权益类账户月度结转时，应在最后一笔经济业务下划一条单红线。然后，在单红线下的“摘要”栏内注明“本期发生额及余额”，在结出本期借、贷方发生额和期末余额后，再在“本期发生额及余额“一行下划一条单红线，以表示本期的账簿记录已经结束。紧接下一行，在“日期”栏填写下月的1日，在“摘要”栏注明“期初余额”，并在“余额”栏将上期期末余额转为本期期初余额。此后，即可连续登记下月份的经济业务。

现以“应收账款”账户为例，说明各种资产、负债和所有者权益类账户的月度结账方法。

演练 6-20:

2015年11月初，甲企业结转上月应收账款余额为8 176元，并在本月发生如下应收业务。

① 11月4日，甲企业收到乙企业前欠货款，其金额为8 176元。

② 11月10日，甲企业向乙企业销售一批货物货款未收回，其金额为81 760元。

③ 11月26日，甲企业向丙企业销售一批货物货款未收回，其金额为127 680元。

④ 11月28日，甲企业收到乙企业前欠货款，其金额为81 760元。

⑤ 11月30日，甲企业核算本月应收账款发生额并结转账户余额。

该账户的结转格式如表6-18所示。

表6-18 应收账款账户月度结转

2015年		凭证号	摘要	借方	贷方	借或贷	余额
月	日						
11	1		期初余额			借	8 176
11	4		收到货款		8 176	借	—
11	10		销货	81 760		借	81 760
11	26		销货	127 680		借	209 440
11	28		收到货款		81 760	借	127 680
11	30		本期发生额及余额	209 440	89 936	借	127 680

（2）年度结转

年度结转同月度结转一样，需要结出12月份的本期发生额和期末余额。除此之外，还要将各账户的余额转入下一年度的新账户，作为下年度的期初余额。

年度结转时，要将资产、负债和所有者权益类账户结平，并将各账户余额都结转到下月度新开的账户中去。结转时，可在各账户“本期发生额及余额”一行的下面，在“摘要”栏内注明“结转下年”字样，并以期末余额相反的方向、相同的金额记入“借方”或“贷方”栏内，即借方期末余额记入“贷方”栏内，贷方期末余额记入“借方”栏内。然后，在其下面划一条双红线，以表示该账户已在本年年底结束。在下年度新开账户第一行填写日期“1

月 1 日”，在“摘要”栏内注明“上年结转”字样，并填入余额。上年为借方余额的，结转至下年仍为借方余额；贷方余额也一样。

现以“应付账款”账户为例，说明各种资产、负债和所有者权益类账户的年度结账方法。

演练 6-21:

2015 年 12 月初，甲企业结转上月应付账款余额为 9 800 元，并在本月发生如下应付业务。

① 12 月 1 日，甲企业购买材料金额为 95 200 元，款项未付。

② 12 月 20 日，甲企业购买材料金额为 77 000 元，款项未付。

③ 12 月 26 日，甲企业支付向乙企业支付前欠款金额为 150 000 元。

④ 12 月 31 日，甲企业核算本月应付账款发生额并结转账户余额。

该账户的年度结转格式如表 6-19、表 6-20 所示。

表 6-19 应付账款账户年度结转 1

2015 年		凭证号	摘要	借方	贷方	借或贷	余额
月	日						
12	1		期初余额			贷	9 800
12	1		购料		95 200	贷	105 000
12	20		购料		77 000	贷	182 000
12	26		支付欠款	150 000		贷	32 000
12	31		本期发生额及余额	150 000	172 200	贷	32 000
12	31		结转下年	32 000		平	0

表 6-20 应付账款账户年度结转 2

2016 年		凭证号	摘要	借方	贷方	借或贷	余额
月	日						
1	1		上年结转			贷	32 000
……							

Chapter 07

第 7 章

实账演练——财务报表的编制与稽核

7.1 资产负债表的编制与稽核

7.1.1 资产负债表的内容格式

（1）资产负债表的内容

资产负债表的内容，一般按资产、负债和所有者权益三类项目进行列示。

① 资产。资产按流动性大小进行列示，可分为流动资产和非流动资产，如图 7-1 所示。

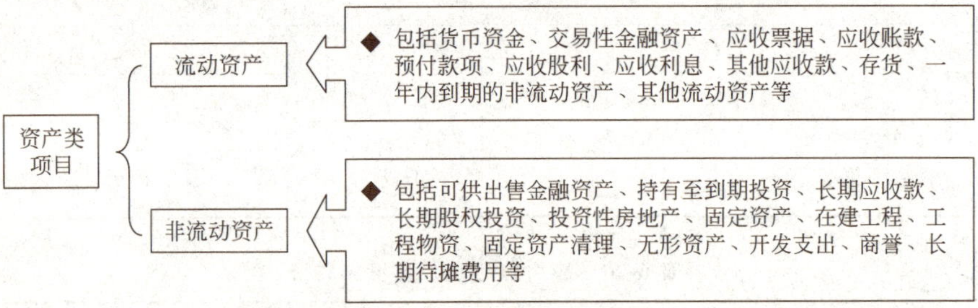

图 7-1 资产类项目说明

② 负债。负债按流动性大小进行列示，可分为流动负债和非流动负债，如图 7-2 所示。

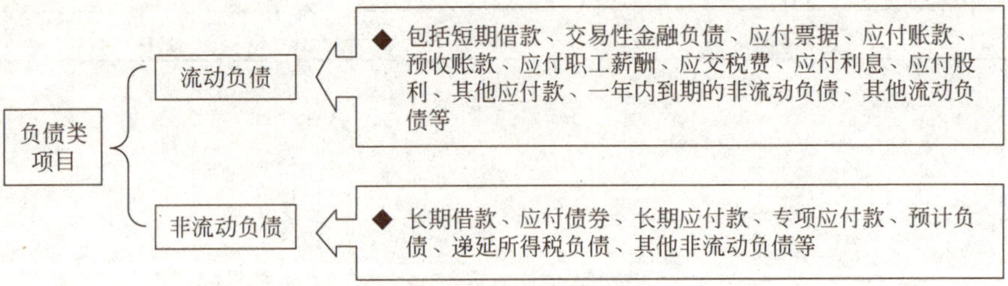

图 7-2 负债类项目说明

③ 所有者权益。按照实收资本、资本公积、盈余公积、未分配利润等项目分项列示。

（2）资产负债表的格式

资产负债表的格式，通常有报告式和账户式两种。我国企业通常采用的报表格式是账户式，账户式资产负债表是按照 T 形账户的形式设计，将资产列在报表的左方（借方），负债及所有者权益列在报表的右方（贷方），左（借）、右（贷）两方总额相等。

账户式资产负债表的格式如表7-1所示。

表7-1 账户式资产负债表的格式

编制单位：　　　　　　　　　　　年　月　日　　　　　　　　　　　单位：元

资产	行次	期末余额	年初余额	负债和所有者权益	行次	期末余额	年初余额
流动资产：				流动负债：			
货币资金	1			短期借款	31		
短期投资	2			应付票据	32		
应收票据	3			应付账款	33		
应收账款	4			预收账款	34		
预付账款	5			应付职工薪酬	35		
应收股利	6			应交税费	36		
应收利息	7			应付利息	37		
其他应收款	8			应付利润	38		
存货	9			其他应付款	39		
其中：原材料	10			其他流动负债	40		
在产品	11			流动负债合计	41		
库存商品	12			非流动负债：			
周转材料	13			长期借款	42		
其他流动资产	14			长期应付款	43		
流动资产合计	15			递延收益	44		
非流动资产：				其他非流动负债	45		
长期债券投资	16			非流动负债合计	46		
长期股权投资	17			负债合计	47		
固定资产原价	18						
减：累计折旧	19						
固定资产账面价值	20						
在建工程	21						
工程物资	22						
固定资产清理	23						
生产性生物资产	24			所有者权益：			
无形资产	25			实收资本（或股本）	48		
开发支出	26			资本公积	49		
长期待摊费用	27			盈余公积	50		
其他非流动资产	28			未分配利润	51		
非流动资产合计	29			所有者权益合计	52		
资产合计	30			负债和所有者权益总计	53		

7.1.2 资产负债表的编制方法

（1）“年初余额”的填列方法

资产负债表的“年初余额”栏内各项数字，应根据上年末资产负债表“期末余额”栏内所列数字填列。如果上年末资产负债表的项目名称和内容与本年末资产负债表不一致，应对上年末资产负债表项目的名称和数字按本年末资产负债表的规定进行调整，并填入“年初余额”栏内。

（2）“期末余额”的填列方法

资产负债表的“年末余额”栏内各项数值来源，可通过表 7-2 所示的四种方式取得。

表 7-2 期末余额的数据填列方法

方式	具体说明
根据总账科目余额直接填列	◆ 如“应收票据”项目，根据“应收票据”总账科目的期末余额直接填列；“短期借款”项目，根据“短期借款”总账科目的期末余额直接填列
根据总账科目余额计算填列	◆ 如“应付账款”项目，根据“应付账款”“预付账款”科目所属相关明细科目的期末贷方余额计算填列
根据明细科目余额计算填列	◆“应付账款”项目，根据“应付账款”“预付账款”科目所属相关明细科目的期末贷方余额计算填列
根据总账科目和明细科目余额分析计算填列	◆ 如“长期借款”项目，根据“长期借款”总账科目期末余额，扣除“长期借款”科目所属明细科目中反映的、将于一年内到期的长期借款部分，分析计算填列

（3）各项目内容的填列方法

资产类项目内容的填列方法如表 7-3 所示。

表 7-3 资产类项目内容的填列方法

项目	具体内容	填列方法
货币资金	◆ 反映企业库存现金、银行结算户存款、外埠存款、银行汇票存款、银行本票存款、信用卡存款、信用证保证金存款等的合计数	◆ 本项目应根据“库存现金”“银行存款”“其他货币资金”科目期末余额的合计数填列
交易性金融资产	◆ 反映企业持有的以公允价值计量且其变动计入当期损益的为交易目的所持有的债券投资、股票投资、基金投资、权证投资等金融资产	◆ 本项目应根据“交易性金融资产”科目的期末余额填列
应收票据	◆ 反映企业因销售商品、提供劳务等而收到的商业汇票，包括银行承兑汇票和商业承兑汇票	◆ 本项目应根据“应收票据”科目的期末余额，减去“坏账准备”科目中有关应收账款计提的坏账准备期末余额后的金额填列
应收账款	◆ 反映企业因销售商品、提供劳务等经营活动应收取的款项	◆ 本项目应根据“应收账款”和“预收账款”账户所属各明细科目的期末借方余额合计数，减去“坏账准备”科目中有关应收账款计提的坏账准备期末余额后的金额填列
预付账款	◆ 反映企业按照购货合同规定预付给供货单位的款项等	◆ 本项目应根据“预付账款”和“应付账款”科目所属各明细科目的期末借方余额合计数，减去“坏账准备”科目中有关预付账款计提的坏账准备期末余额后的金额填列
应收利息	◆ 反映企业应收取的债券投资等的利息	◆ 本项目应根据“应收利息”科目的期末余额，减去“坏账准备”科目中有关应收利息计提的坏账准备期末余额后的金额填列

续表

项目	具体内容	填列方法
应收股利	◆反映企业应收取的现金股利和应收取其他单位分配的利润	◆本项目应根据"应收股利"科目的期末余额，减去"坏账准备"科目中有关应收股利计提的坏账准备期末余额后的金额填列
其他应收款	◆反映企业除应收票据、应收账款、预付账款、应收股利、应收利息等经营活动以外的其他各种应收、暂付的款项	◆本项目应根据"其他应收款"科目的期末余额，减去"坏账准备"科目中有关其他应收款计提的坏账准备期末余额后的金额填列
存货	◆反映企业期末在库、在途和在加工中的各项存货的可变现净值	◆本项目应根据"材料采购""原材料""低值易耗品""库存商品""周转材料""委托加工物资""委托代销商品""生产成本"等科目的期末借方余额合计，减去"受托代销商品款""存货跌价准备"科目期末余额后的金额填列
一年内到期的非流动资产	◆反映企业将于一年内到期的非流动资产项目金额	◆本项目应根据有关科目的期末余额填列
其他流动资产	◆反映企业除货币资金、交易性金融资产、应收票据、应收账款、存货等流动资产以外的其他流动资产	◆本项目应根据有关科目的期末余额填列
可供出售金融资产	◆反映企业持有的以公允价值计量的可供出售的股票投资、债券投资等金融资产	◆本项目应根据"可供出售金融资产"科目的期末余额，减去"可供出售金融资产减值准备"科目期末余额后的金额填列
持有至到期投资	◆反映企业持有的以摊余成本计量的持有到期投资	◆本项目应根据"持有至到期投资"科目的期末余额，减去"持有至到期投资减值准备"科目期末余额后的金额填列
长期应收款	◆反映企业融资租赁产生的应收款项、采用递延方式具有融资性质的销售商品和提供劳务等产生的长期应收款项等	◆本项目应根据"长期应收款"科目的期末余额，减去相应的"未实现融资收益"科目和"坏账准备"科目所属相关明细科目期末余额后的金额填列
长期股权投资	◆反映企业持有的对子公司、联营企业和合营企业的长期股权投资	◆本项目应根据"长期股权投资"科目的期末余额，减去"长期股权投资减值准备"科目期末余额后的金额填列
投资性房地产	◆反映企业持有的投资性房地产	◆企业采用成本模式计算投资性房地产的，本项目应根据"投资性房地产"科目的期末余额，减去"投资性房地产累计折旧(摊销)"和"投资性房地产减值准备"科目期末余额后的金额填列；企业采用公允价值模式计量投资性房地产的，本项目应根据"投资性房地产"科目的期末余额填列
固定资产	◆反映企业各种固定资产原价减去累计折旧和累计减值准备后的净额	◆本项目应根据"固定资产"科目的期末余额，减去"累计折旧"和"固定资产减值准备"科目期末余额后的金额填列
在建工程	◆反映企业期末各项未完工程的实际支出，包括交付安装的设备价值、未完建筑安装工程已经耗用的材料、工资和费用支出、预付出包工程的价款等的可收回金额	◆本项目应根据"在建工程"科目的期末余额，减去"在建工程减值准备"科目期末余额后的金额填列
工程物资	◆反映企业尚未使用的各项工程物资的实际成本	◆本项目应根据"工程物资"科目的期末余额填列

续表

项目	具体内容	填列方法
固定资产清理	◆反映企业因出售、毁损、报废等原因转入清理但尚未清理完毕的固定资产的净值，以及固定资产清理过程中所发生的清理费用和变价收入等各项金额的差额	◆本项目应根据"固定资产清理"科目的期末借方余额填列。如"固定资产清理"科目期末为贷方余额，以"－"号填列
无形资产	◆反映企业所持有的无形资产，包括专利权、非专利技术、商标权、著作权、土地使用权等	◆本项目应根据"无形资产"科目的期末余额，减去"累计摊销"和"无形资产减值准备"科目期末余额后的金额填列
开发支出	◆反映企业开发无形资产过程中能够资本化形成无形资产成本的支出部分	◆本项目应根据"开发支出"科目中所属的"资本化支出"明细科目期末余额填列
商誉	◆反映企业合并中形成的商誉的价值	◆本项目应根据"商誉"科目的期末余额，减去相应减值准备后的金额填列
长期待摊费用	◆反映企业已经发生但应由本期和以后各期负担的分摊期限在一年以上的各项费用	◆本项目应根据"长期待摊费用"科目的期末余额减去将于一年内（含一年）摊销的数额后的金额填列
递延所得税资产	◆反映企业确认的可抵扣暂时性差异产生的递延所得税资产	◆本项目应根据"递延所得税资产"科目的期末余额填列
其他非流动资产	◆反映企业除长期股权投资、固定资产、在建工程、工程物资、无形资产等资产以外的其他非流动资产	◆本项目应根据有关科目的期末余额填列

负债类项目内容的填列方法如表7-4所示。

表7-4　负债类项目内容的填列方法

项目	具体内容	填列方法
短期借款	◆反映企业向银行或其他金融机构等借入的期限在1年以下（含1年）的各种借款	◆本项目应根据"短期借款"科目的期末余额填列
交易性金融负债	◆反映企业承担的以公允价值计量且其变动计入当期损益的为交易目的所持有的金融负债	◆本项目应根据"交易性金融负债"科目的期末余额填列
应付票据	◆反映企业购买材料、商品和接受劳务供应等而开出、承兑的商业汇票，包括银行承兑汇票和商业承兑汇票	◆本项目应根据"应付票据"科目的期末余额填列
应付账款	◆反映企业因购买原材料、商品和接受劳务供应等经营活动应支付的款项	◆本项目应根据"应付账款"和"预付账款"科目所属各明细科目的期末贷方余额合计数填列；如"应付账款"科目所属明细科目期末有借方余额的，应在资产负债表"预付账款"项目内填列
预收款项	◆反映企业按照购货合同规定预付给供应单位的款项	◆本项目应根据"预收账款"和"应收账款"科目所属各明细科目的期末贷方余额合计数填列。如"预收账款"科目所属各明细科目期末有借方余额，应在资产负债表"应收账款"项目内填列
应付职工薪酬	◆反映企业根据有关规定应付给职工的工资、职工福利、社会保险费、住房公积金、工会经费、职工教育经费、非货币性福利、辞退福利等各种薪酬	◆本项目应根据"应付职工薪酬"账户的期末贷方余额填列，如"应付职工薪酬"账户期末为借方余额，以"－"号填列
应交税费	◆反映企业按照税法规定计算应交纳的各种税费，包括增值税、消费税、所得税、资源税、土地增值税、城市维护建设税、房产税、土地使用税、车船使用税、教育费附加、矿产资源补偿费等	◆本项目应根据"应交税费"科目的期末贷方余额填列；如"应交税费"科目期末为借方余额，以"－"号填列

续表

项目	具体内容	填列方法
应付利息	◆反映企业按照规定应当支付的利息，包括分期付息到期还本的长期借款应支付的利息、企业发行的企业债券应支付的利息等	◆本项目应当根据“应付利息”科目的期末余额填列
应付股利	◆反映企业分配的现金股利或利润。企业分配的股票股利，不通过本项目列示	◆本项目应当根据“应付利息”科目的期末余额填列
其他应付款	◆反映企业除应付票据、应付账款、预收款项、应付职工薪酬、应付股利、应付利息、应交税费等经营活动以外的其他各项应付、暂收的款项	◆本项目应根据“其他应付款”科目的期末余额填列
一年内到期的非流动负债	◆反映企业各种非流动负债中将于资产负债表日后一年内到期部分的金额，如将于一年内到期的长期借款	◆本项目应根据有关科目的期末余额填列
其他流动负债	◆反映企业除短期借款、交易性金融负债、应付票据、应付账款、应付职工薪酬、应交税费等流动负债以外的其他流动负债	◆本项目应根据有关科目的期末余额填列
长期借款	◆反映企业向银行或其他金融机构借入的期限在 1 年以上(不含 1 年)的各项借款	◆本项目应根据“长期借款”科目的期末余额填列
应付债券	◆反映企业为筹集长期资金而发行的债券本金和利息	◆本项目应根据“应付债券”科目的期末余额填列
长期应付款	◆反映企业除长期借款和应付债券以外的其他各种长期应付款项	◆本项目应根据“长期应付款”科目的期末余额，减去相应的“未确认融资费用”科目期末余额后的金额填列
专项应付款	◆反映企业取得政府作为企业所有者投入的具有专项或特定用途的款项	◆本项目应根据“专项应付款”科目的期末余额填列
预计负债	◆反映企业确认的对外提供担保、未决诉讼、产品质量保证、重组义务、亏损性合同等预计负债	◆本项目应根据“预计负债”科目的期末余额填列
递延所得税负债	◆反映企业确认的应纳税暂时性差异产生的所得税负债	◆本项目应根据“递延所得税负债”科目的期末余额填列
其他非流动负债	◆反映企业除长期借款、应付债券等负债以外的其他非流动负债	◆本项目应根据有关科目的期末余额减去将于 1 年内(含 1 年)到期偿还数后的余额填列。非流动负债各项目中将于 1 年内(含 1 年)到期的非流动负债，应在“1 年内到期的非流动负债”项目内单独反映

所有者权益类项目的填列方法如表 7-5 所示。

表 7-5 所有者权益类项目内容的填列方法

项目	具体内容	填列方法
实收资本(或股本)	◆反映企业各投资者实际投入的资本(或股本)总额	◆本项目应根据“实收资本”(或“股本”)科目的期末余额填列
资本公积	◆反映企业资本公积的期末余额	◆本项目应根据“资本公积”科目的期末余额填列
库存股	◆反映企业持有尚未转让或注销的本公司股份金额	◆本项目应根据科目的期末余额填列
盈余公积	◆反映企业盈余公积的期末余额	◆本项目应根据“盈余公积”科目的期末余额填列
未分配利润	◆反映企业尚未分配的利润	◆本项目应根据“本年利润”科目和“利润分配”科目的余额计算填列

7.1.3 资产负债表的编制演练

演练 7-1:

某公司 2015 年 12 月 31 日有关科目的余额如表 7-6 所示。

表 7-6 科目余额表

账户余额	借方余额	贷方余额	账户余额	借方余额	贷方余额
库存现金	2 000		短期借款		420 000
银行存款	2 000 000		应付账款		73 000
应收账款	35 310		应付股利		400 000
应收票据	38 000		应交税费		32 300
在途物资	42 310		其他应付款		53 967
原材料	64 202		应付利息		52 000
库存商品	34 505		实收资本		4 100 000
周转材料	3 400		资本公积		20 000
固定资产	3 700 000		盈余公积		123 000
无形资产	48 200		利润分配		483 660
累计折旧		210 000			

根据上述资料，编制该公司 2015 年末资产负债表如表 7-7 所示。

表 7-7 资产负债表

编制单位：　　　　　　　　年　月　日　　　　　　　　单位：元

资产	期末余额	年初余额	负债及所有者权益（或股东权益）	期末余额	年初余额
流动资产			流动负债		
货币资金	2 002 000		短期借款	420 000	
交易性金融资产			交易性金融负债		
应收票据	38 000		应付票据		
应收账款	35 310		应付账款	73 000	
预付款项			预收款项		
应收利息			应付职工薪酬		
应收股利			应交税费	32 300	
其他应收款			应付股利	400 000	
存货	144 417		应付利息	52 000	
一年内到期的非流动资产			其他应付款	53 967	
其他流动资产			存入保证金		
流动资产合计			一年内到期的非流动负债		
非流动资产			其他流动负债		
可供出售金额资产			流动负债合计		

续表

资产	期末余额	年初余额	负债及所有者权益（或股东权益）	期末余额	年初余额
持有至股权投资			非流动负债		
长期应收款			长期借款		
长期股权投资			应付债券		
长期性房地产			长期应付款		
固定资产			专项应付款		
固定资产净值	3 490 000		预计负债		
在建工程			递延所得税负债		
工程物资			其他非流动负债		
固定资产清理			非流动负债合计		
生产性资产			负债合计		
油气资产			所有者权益		
无形资产	48 200		实收资本（或股本）	4 100 000	
开发支出			资本公积	20 000	
商誉			减：库存股		
长期待摊费用			盈余公积	123 000	
递延所得税资产			未分配利润	483 660	
其他非流动性资产			所有者权益合计		
非流动资产合计					
资产总计	5 757 927		负债和所有者权益合计	5 757 927	

7.1.4 资产负债表的稽核方法

资产负债表的稽核方法主要包括图 7-3 所示的五方面内容。

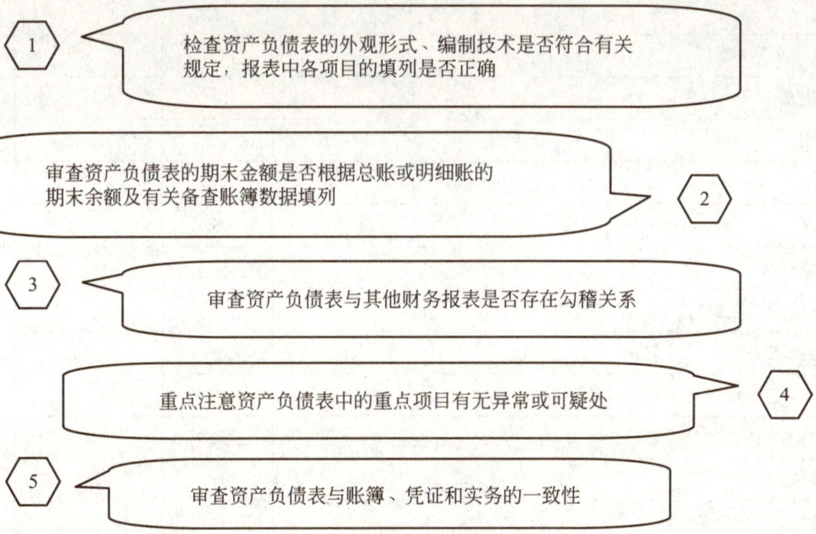

图 7-3 资产负债表的稽核方法

7.2 企业利润表的编制与稽核

7.2.1 利润表的内容格式

（1）利润表的内容

利润表的内容包括营业利润构成要素、利润总额的构成要素、净利润的构成要素三个部分，其构成如图 7-4 所示。

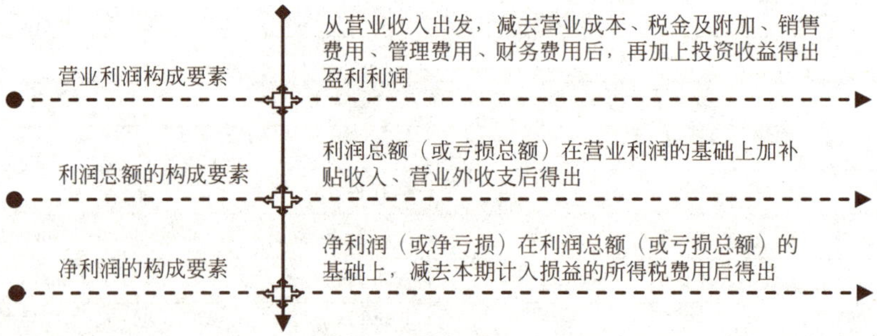

图 7-4　利润表构成要素

（2）利润表的格式

利润表的格式有单步式和多步式两种。我国企业的利润表一般采用多步式格式，多步式利润表是按照利润的构成内容分层次、分步骤地逐步、逐项计算编制而成的报表，它根据经营活动的主次和经营活动对企业利润的贡献情况排列编制。

多步式利润表的基本格式如表 7-8 所示。

表 7-8　利润表

编制单位：　　　　　　　　　年　月　　　　　　　　　单位：元

项目	行次	本期金额	上期金额
一、营业收入	1		
减：营业成本	2		
税金及附加	3		
销售费用	4		
管理费用	5		
财务费用	6		
资产减值损失	7		
加：公允价值变动损益（损失以"－"号填列）	8		
投资收益（损失以"－"号填列）	9		
其中：对联营企业和合营企业的投资收益	10		
二、营业利润（亏损以"－"号填列）	11		
加：营业外收入	12		
减：营业外支出	13		
其中：非流动资产处置损失	14		

续表

项目	行次	本期金额	上期金额
三、利润总额(亏损总额以"－"号填列)	15		
减:所得税费用	16		
四、净利润(净亏损以"－"号填列)	17		
五、每股收益:	18		
(一)基本每股收益	19		
(二)稀释每股收益	20		

7.2.2 利润表的编制方法

(1) 上期金额栏的填列方法

利润表"上期金额"栏内各项数字，应根据上年该期利润表"本期金额"栏内所列数字填列。如果上年该期利润表规定的各个项目的名称和内容同本期不相一致。应对上年该期利润表各项目的名称和数字按本期的规定进行调整，填入利润表"上期金额"栏内。

(2) 本期金额栏的填列方法

利润表"本期金额"栏内各项数字一般应根据损益类科目的发生额分析填列。

(3) 各项目内容的填列方法

各项目的内容及填列方法如表 7-9 所示。

表 7-9 各项目内容及填列方法

项目	具体内容	填列方法
营业收入	◆反映企业经营主要业务和其他业务所确认的收入总额	◆本项目应根据"主营业务收入"和"其他业务收入"科目的发生额分析填列
营业成本	◆反映企业经营主要业务和其他业务所发生的成本总额	◆本项目应根据"主营业务成本"和"其他业务成本"科目的发生额分析填列
税金及附加	◆反映企业经营业务应负担的消费税、城市建设维护税、资源税、土地增值税和教育费附加、房产税、土地使用税、车船使用税、印花税等相关税费	◆本项目应根据"税金及附加"科目的发生额分析填列
销售费用	◆反映企业在销售商品过程中发生的包装费、广告费等费用和为销售本企业商品而专设的销售机构的职工薪酬、业务费等经营费用	◆本项目应根据"销售费用"科目的发生额分析填列
管理费用	◆反映企业为组织和管理生产经营发生的管理费用	◆本项目应根据"管理费用"科目的发生额分析填列
财务费用	◆反映企业筹集生产经营所需资金等而发生的筹资费用	◆本项目应根据"财务费用"科目的发生额分析填列
资产减值损失	◆反映企业各项资产发生的减值损失	◆本项目应根据"资产减值损失"科目的发生额分析填列
公允价值变动收益	◆反映企业应当计入当期损益的资产或负债公允价值变动收益	◆本项目应根据"公允价值变动损益"科目的发生额分析填列。如为净损失,本项目以"—"号填列
投资收益	◆反映企业以各种方式对外投资所取得的收益	◆本项目应根据"投资收益"科目的发生额分析填列。如为投资损失,本项目以"－"号填列
营业利润	◆反映企业实现的营业利润	◆如为亏损,本项目以"－"号填列

续表

项目	具体内容	填列方法
营业外收入	◆反映企业发生的与经营业务无直接关系的各项收入	◆本项目应根据“营业外收入”科目的发生额分析填列
营业外支出	◆反映企业发生的与经营业务无直接关系的各项支出	◆本项目应根据“营业外支出”科目的发生额分析填列
利润总额	◆反映企业实现的利润	◆如为亏损，本项目以“－”号填列
所得税费用	◆反映企业应从当期利润总额中扣除的所得税费用	◆本项目应根据“所得税费用”科目的发生额分析填列
净利润	◆反映企业实现的净利润	◆如为亏损，本项目以“－”号填列
基本每股收益、稀释每股收益	——	◆应当根据每股收益准则的规定计算的金额填列

（4）利润表各项目的勾稽关系

以表 7-8 所示，利润表各项目的勾稽关系如图 7-5 所示。

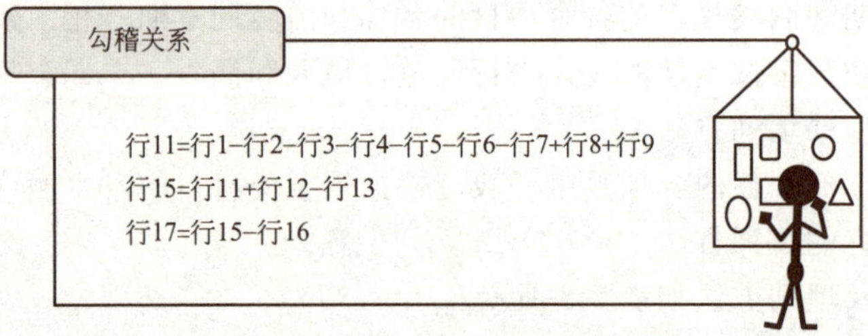

图 7-5　利润表各项目的勾稽关系

7.2.3　利润表的编制演练

演练　7-2:

某企业 2015 年度有关损益类科目一年累计发生净额如表 7-10 所示。

表 7-10　某企业 2007 年度损益类科目累计发生净额

账户名称	借方发生额	贷方发生额
主营业务收入		30 000
主营业务成本	2 000	
主营业务税金及附加	340	
其他业务收入		4 368
其他业务成本	2 200	
销售费用	2 800	
管理费用	500	
财务费用	700	
营业外收入		3 400
营业外支出	5 660	
所得税	5 892	

根据上述资料，编制该企业 2015 年度利润表，如表 7-11 所示。

表 7-11　利润表

编制单位：　　　　　　　　年度　　　　　　　　单位：元

项目	本期金额	上期金额
一、营业收入	34 368	
减：营业成本	4 200	
税金及附加	340	
销售费用	2 800	
管理费用	500	
财务费用	700	
资产减值损失		
加：公允价值变动损益（损失以“－”号填列）		
投资收益（损失以“－”号填列）		
其中：对联营企业和合营企业的投资收益		
二、营业利润（亏损以“－”号填列）	25 828	
加：营业外收入	3 400	
减：营业外支出	5 660	
其中：非流动资产处置损失		
三、利润总额（亏损总额以“－”号填列）	23 568	
减：所得税费用	5 892	
四、净利润（净亏损以“－”号填列）	17 676	
五、每股收益：		
（一）基本每股收益		
（二）稀释每股收益		

7.2.4 利润表的稽核方法

利润表的稽核方法主要包括图 7-6 所示的三方面内容。

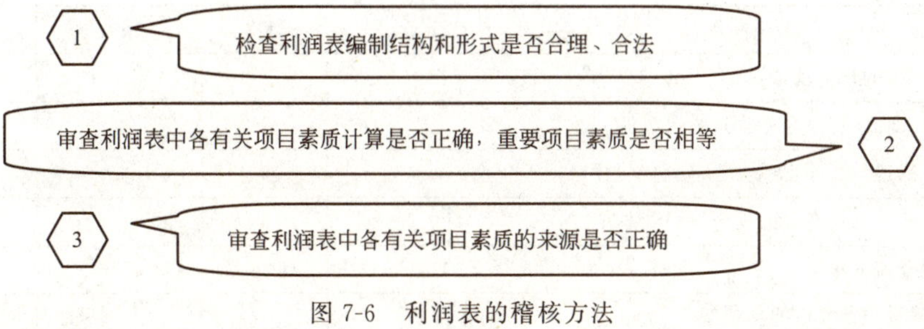

图 7-6　利润表的稽核方法

7.3 现金流量表的编制与稽核

7.3.1 现金流量表的内容格式

(1) 现金流量表的内容

现金流量表的内容主要包括经营活动现金流量、投资活动现金流量、筹资活动现金流量三个部分，具体说明如表7-12所示。

表7-12 现金流量表的内容

内容	事项	说明
经营活动现金流量	经营活动的现金流入	①销售商品、提供劳务收到的现金 ②收到的税费返还 ③收到其他与经营活动有关的现金
	经营活动的现金流出	①购买商品、接受劳务支付的现金 ②支付给职工以及为职工支付的现金 ③支付的各项税费
投资活动现金流量	投资活动的现金流入	①收回投资收到的现金 ②取得投资收益收到的现金 ③处置固定资产、无形资产和其他长期资产收回的现金净额 ④处置子公司及其他营业单位收到的现金净额 ⑤收到其他与投资活动有关的现金
	投资活动的现金流出	①购建固定资产、无形资产和其他长期资产支付的现金 ②投资支付的现金 ③取得子公司及其他营业单位支付的现金净额 ④支付其他与投资活动有关的现金
筹资活动现金流量	筹资活动的现金流入	①吸收投资收到的现金 ②取得借款收到的现金 ③收到其他与筹资活动有关的现金
	筹资活动的现金流出	①偿还债务支付的现金 ②分配股利、利润或偿付利息支付的现金 ③支付其他与筹资活动有关的现金

(2) 现金流量表的格式

企业现金流量表的具体格式如表7-13所示。

表7-13 现金流量表

编制单位：　　　　年　月　　　　单位：元

项目	行次	本期金额	上期金额
一、经营活动产生的现金流量：			
销售产成品、商品、提供劳务收到的现金	1		
收到的税费返还	2		
收到其他与经营活动有关的现金	3		
经营活动现金流入小计	4		
购买商品、接受劳务支付的现金	5		

续表

项目	行次	本期金额	上期金额
支付给职工以及为职工支付的现金	6		
支付的各项税费	7		
支付其他与经营活动有关的现金	8		
经营活动现金流出小计	9		
经营活动产生的现金流量净额	10		
二、投资活动产生的现金流量：			
收回投资收到的现金	11		
取得投资收益收到的现金	12		
处置固定资产、无形资产和其他长期资产收回的现金净额	13		
处置子公司及其他营业单位收到的现金净额	14		
收到其他与投资活动有关的现金	15		
投资活动现金流入小计	16		
购置固定资产、无形资产和其他长期资产支付的现金	17		
投资支付的现金	18		
取得子公司及其他营业单位支付的现金净额	19		
支付其他与投资活动有关的现金	20		
投资活动现金流出小计	21		
投资活动产生的现金流量净额	22		
三、筹资活动产生的现金流量：			
吸收投资收到的现金	23		
取得借款收到的现金	24		
收到其他与筹资活动有关的现金	25		
筹资活动现金流入小计	26		
偿还债务支付的现金	27		
分配股利、利润或偿付利息支付的现金	28		
支付其他与筹资活动有关的现金	29		
筹资活动现金流出小计	30		
筹资活动产生的现金流量净额	31		
四、汇率变动对现金及现金等价物的影响	32		
五、现金及现金等价物净增加额	33		
加：期初现金及现金等价物余额	34		
六、期末现金及现金等价物余额	35		

7.3.2 现金流量表的编制方法

（1）编制方法

现金流量表的编制方法有两种：一种是直接法；另一种称为间接法。

直接法是指按现金收入和现金支出的主要类别直接反映企业经营活动产生的现金流量，如销售商品、提供劳务收到的现金；购买商品、接受劳务支付的现金等就是按现金收入和支出的来源直接反映的。

在直接法下，一般是以利润表中的营业收入为起算点，调节与经营活动有关的项目的增减变动，然后计算出经营活动产生的现金流量。其调整时计算公式如下。

经营活动现金流量＝营业收入收现－营业成本付现－营业费用付现
－税金及附加付现－管理费用付现－所得税付现

间接法是指以净利润为起算点，调整不涉及现金的收入、费用、营业外收支等有关项目，据此计算出经营活动产生的现金流量。其调整时计算公式如下。

经营活动现金流量＝本期净利润＋不减少现金的费用＋非现金资产减少及流动负债增加
＋营业外支出－不增加现金的收入－非现金流动资产增加及流动负债减少－营业外收入

我国目前主要采用直接法来编制现金流量表。

(2) 各项目内容的填列方法

现金流量表各项目内容的填列方法，如表 7-14 所示。

表 7-14　现金流量表的填制方法

内容	项目	具体说明
经营活动产生现金流量	销售商品、提供劳务收到的现金	◆反映企业本期销售商品、提供劳务收到的现金，以及前期销售商品、提供劳务本期收到的现金和本期预收的款项，减去本期销售本期退回的商品和本期销售本期退回的商品支付的现金
	收到的税费返还	◆反映企业收到返还的增值税、所得税、消费税、关税和教育费附加返还款等各种税费
	收到其他与经营活动有关的现金	◆反映企业收到的罚款收入、经营租赁收到的租金等其他与经营活动有关的现金流入，金额较大的应当单独列示
	购买商品、接受劳务支付的现金	◆反映企业本期购买商品、接受劳务实际支付的现金，以及本期支付前期购买商品、接受劳务的未付款项和本期预付款项，减去本期发生的购货退回收到的现金
	支付给职工及为职工支付的现金	◆反映企业本期实际支付给职工的工资、奖金、各种津贴和补贴等职工薪酬，但是应由在建工程、无形资产负担的职工薪酬以及支付的离退休人员的职工薪酬除外
	支付的各种税费	◆反映企业本期发生并支付的、本期支付以前各期发生的以及预缴的教育费附加、矿产资源补偿费、印花税、房产税、土地增值税、车船使用税等税费，计入固定资产价值、实际支付的耕地占用税、本期退回的增值税、所得税等除外
	支付的其他与经营活动有关的现金	◆反映企业支付的罚款支出、支付的差旅费、业务招待费、保险费、经营租赁支付的现金等其他与经营活动有关的现金流出，金额较大的应当单独列示
投资活动产生现金流量	收回投资收到的现金	◆反映企业出售、转让或到期收回除现金等价物以外的交易性金额资产、长期股权投资而收到的现金，以及收回长期债权投资本金而收到的现金，但长期债券投资收回的利息除外
	取得投资收益收到的现金	◆反映企业因股权性投资而分得的现金股利，从子公司、联营企业或合营企业分回利润而收到的现金，以及因债券性投资而取得的现金利息收入，但股票股利除外

续表

内容	项目	具体说明
投资活动产生现金流量	处置固定资产、无形资产和其他长期资产收回的现金净额	◆反映企业出售、报废固定资产、无形资产和其他长期资产所取得的现金、减去为处置这些资产而支付的有关费用后的净额，但现金净额为负数的除外
	处置子公司及其他营业单位收到的现金净额	◆反映企业处置子公司及其他经营单位所取得的现金减去相关处置费用后的净额
	收到的其他与投资活动有关的现金	◆反映企业除上述各项以外，收到的其他与投资活动有关的现金流入。其他现金流入如价值较大的，应单列项目反映。本项目可以根据有关科目的记录分析填写
	构建固定资产、无形资产和其他长期资产支付的现金	◆反映企业购买、建造固定资产，取得无形资产和其他长期资产所支付的现金及增值税款、支付的应由在建工程和无形资产负担的职工薪酬现金支出，但为构建固定资产而发生的借款利息资本化部分、融资租入固定资产所支付的租赁费除外
	投资支付的现金	◆反映企业取得的除现金等价物以外的权益性投资和债权性投资所支付的现金以及支付的佣金、手续费等附加费用
	取得子公司及其他营业单位支付的现金净额	◆反映企业购买子公司及其他营业单位购买出价中以现金支付的部分，减去子公司或其他营业单位持有的现金和现金等价物后的净额
	"收到其他与投资活动有关的现金""支付其他与投资活动有关的现金"	◆反映企业除上述各项目外收到或支付的其他与投资有关的现金流入或流出，金额较大的应当单独列示
筹资活动产生现金流量	吸收投资收到的现金	◆反映企业以发行股票、债券等方式筹集资金实际收到的款项，减去直接支付给金融企业的佣金、手续费、宣传费、咨询费、印刷费等发行费用后的净额
	取得借款收到的现金	◆反映企业举借各种短期、长期借款收到的现金
	偿还债务支付的现金	◆反映企业以现金偿还债务的本金
	分配股利、利润或偿付利息支付的现金	◆反映企业实际支付的现金股利、支付给其他投资单位的利润或用现金支付的借款利息、债券利息
	"收到其他与筹资活动有关的现金""支付其他与筹资活动有关的现金"	◆反映企业除上述各项以外，收到或支付的其他与筹资活动有关的现金流入或流出，包括构建固定资产而发生的借款利息资本化部分、融资租入固定资产所支付的租赁费、以分期付款方式构建固定资产以后各期支付的现金等
"汇率变动对现金的影响"项目		反映下列项目的差额： ◆企业外币现金流量及境外子公司的现金流量折算为记账本位币时，所采用的现金流量发生日的即期汇率或按照系统合理的方法确定的、与现金流量发生日即期汇率近似的汇率折算的金额 ◆"现金及现金等价物净增长额"中外币现金净增加额按期末汇率折算的金额

7.3.3 现金流量表的编制演练

演练 7-3：某公司 2015 年度的利润表和资产负债表中相关资料如下。

利润表各项目明细资料如下。

① 财务费用的组成：计提借款利息 20 000 元，支付银行承兑汇票贴现利息 10 000 元。

② 销售费用的组成：职工薪酬 130 000 元，支付的其他费用 500 000 元，均已付现。

③ 管理费用的组成：职工薪酬 60 000 元，折旧费 65 000 元，支付其他费用 40 000 元。

④ 投资收益的组成：收到对某企业进行短期投资而收到的股利 20 000 元，企业已处置一项交易性金融资产，收到本金及转让收益共 98 000 元。

⑤ 营业外支出的构成，企业本年因违反规定，被相关执法部门罚款 30 000 元。

⑥ 营业外收入的构成：企业本年因客户违反合同条款，收到违约金 7 700 元。

⑦ 所得税费用的构成：当期所得税 235 600 元，税金及附加为 100 000 元。无递延所得税。

⑧ 主营业务成本为 400 000 元，主营业务收入为 3 000 000 元。

资产负债表各项目明细资料如下。

① 应收账款年初余额 250 000 元，期末余额为 430 000 元。

② 应收票据年初余额为 110 000 元，期末余额为 60 000 元。票据贴现利息为 20 000 元。

③ 当期计提的坏账准备 2 000 元。

④ 应交税费——应交增值税（进项税额）33 000 元，应缴税费——应交增值税（销项税额）55 000 元，应交税费——应交增值税（已交税金）20 000 元。应交所得税年初余额为 0，期末余额为 35 000 元。

⑤ 存货年初余额为 1 360 000 元，期末余额为 1 440 000 元。未计提存货跌价准备。

⑥ 应付账款年初余额为 2 560 000 元，期末余额为 2 700 000 元。

⑦ 应付票据年初余额为 500 000 元，期末余额为 500 000 元。

⑧ 应付职工薪酬年初余额为 84 000 元，期末余额为 130 000 元。

⑨ 应付利息均为短期借款利息，其中本期计提的利息为 31 000 元，支付的利息 38 000元。

根据上述数据，本企业 2015 年现金流量表各项目金额的计算结果如表 7-15 所示。

表 7-15 现金流量表各项目金额

项目	金额
销售商品、提供劳务收到的现金	3 065 000
收到其他与经营活动有关的现金	7 700
购买商品、接受劳务支付的现金	493 000
支付给职工及为职工支付的现金	144 000
支付的各项税费	320 600
支付其他与经营活动有关的现金	530 000
收回投资收到的现金	98 000
取得投资收益收到的现金	20 000
分配股利、利润或偿付利息支付的现金	38 000

根据上述数据，本企业于 2015 年 12 月 31 日编制本年度的现金流量表，如表 7-16 所示。

表 7-16 现金流量表

会企 03 表

编制单位： 2015 年度 单位：元

项目	行次	本期金额	上期金额
一、经营活动产生的现金流量：			
销售产成品、商品、提供劳务收到的现金	1	3 065 000	
收到的税费返还	2	0	
收到其他与经营活动有关的现金	3	7 700	
经营活动现金流入小计	4	3 072 700	
购买商品、接受劳务支付的现金	5	493 000	
支付给职工以及为职工支付的现金	6	144 000	
支付的各项税费	7	320 600	
支付其他与经营活动有关的现金	8	530 000	
经营活动现金流出小计	9	1 487 600	
经营活动产生的现金流量净额	10	1 585 100	
二、投资活动产生的现金流量：			
收回投资收到的现金	11	98 000	
取得投资收益收到的现金	12	20 000	
处置固定资产、无形资产和其他长期资产收回的现金净额	13	0	
处置子公司及其他营业单位收到的现金净额	14		
收到其他与投资活动有关的现金	15	0	
投资活动现金流入小计	16	118 000	
购置固定资产、无形资产和其他长期资产支付的现金	17	0	
投资支付的现金	18	0	
取得子公司及其他营业单位支付的现金净额	19	0	
支付其他与投资活动有关的现金	20	0	
投资活动现金流出小计	21	0	
投资活动产生的现金流量净额	22	118 000	
三、筹资活动产生的现金流量：			
吸收投资收到的现金	23	0	
取得借款收到的现金	24	0	
收到其他与筹资活动有关的现金	25	0	
筹资活动现金流入小计	26	0	
偿还债务支付的现金	27	0	
分配股利、利润或偿付利息支付的现金	28	38 000	
支付其他与筹资活动有关的现金	29	0	
筹资活动现金流出小计	30	38 000	
筹资活动产生的现金流量净额	31	－38 000	
四、汇率变动对现金及现金等价物的影响	32	0	

续表

项目	行次	本期金额	上期金额
五、现金及现金等价物净增加额	33	1 665 100	
加：期初现金及现金等价物余额	34	0	
六、期末现金及现金等价物余额	35	1 665 100	

7.3.4 现金流量表的稽核方法

现金流量表的稽核方法主要包括图 7-7 所示的五方面内容。

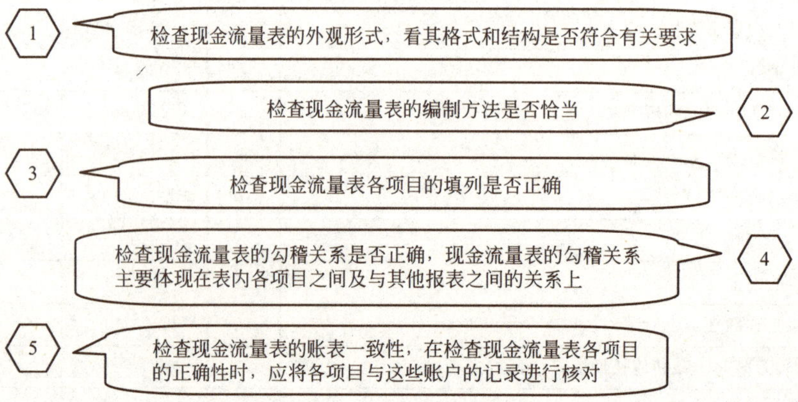

图 7-7　现金流量表的稽核方法

7.4 所有者权益变动表的编制与稽核

7.4.1 所有者权益变动表的内容格式

（1）所有者权益变动表的内容

所有者权益变动表应当反映构成所有者权益的各组成部分当期的增减变动情况。当期损益、直接计入所有者权益的利得和损失以及与所有者的资本交易导致的所有者权益的变动，应当分别列示。

所有者权益变动表至少应当单独列示的项目包括如下六项。

① 净利润。

② 直接计入所有者权益的利得和损失项目及其总额。

③ 会计政策变更和差错更正的累积影响金额。

④ 所有者投入资本和向所有者分配利润等。

⑤ 按照规定提取的盈余公积。

⑥ 实收资本（或股本）、资本公积、盈余公积、未分配利润的期初和期末余额及其调节情况。

（2）所有者权益变动表的格式

所有者权益变动表的格式如表 7-17 所示。

表 7-17 所有者权益变动表

会企 04 表

编制单位： ____年度 单位：元

项目	本年金额						上年金额
	实收资本（或股本）	资本公积	减：库存股	盈余公积	未分配利润	所有者权益合计	（略）
一、上年年末余额							
加：会计政策变更							
前期差错更正							
二、本年年初余额							
三、本年增减变动金额（减少以“－”号填列）							
（一）净利润							
（二）直接计入所有者权益的利得和损失							
1. 可供出售金融资产公允价值变动净额							
2. 权益法下被投资单位其他所有者权益变动的影响							
3. 与计入所有者权益项目相关的所得税影响							
4. 其他							
上述（一）与（二）小计							
（三）所有者投入和减少资本							
1. 所有者投入资本							
2. 股份支付计入所有者权益的金额							
3. 其他							
（四）利润分配							
1. 提取盈余公积							
2. 对所有者（或股东）的分配							
3. 其他							
（五）所有者权益内部结转							
1. 资本公积转增资本（或股本）							
2. 盈余公积转增资本（或股本）							
3. 盈余公积弥补亏损							
4. 其他							
四、本年年末余额							

7.4.2 所有者权益变动表的编制方法

（1）上年金额栏的列报方法

所有者权益变动表“上年金额”栏内各项数字，应根据上年所有者权益变动表“本年金额”栏内所列数字填列。如果上年度所有者权益变动表规定的各个项目的名称和内容同本年度不相一致，应对上年度所有者权益变动表各项目的名称和数字按本年度的规定进行调整，填入所有者权益变动表“上年金额”栏内。

（2）本年度金额栏的列报方法

所有者权益变动表“本年金额”栏内各项数字一般应根据“实收资本（或股本）”、“资本公积”“盈余公积”“利润分配”“库存股”“以前年度损益调整”等科目的发生额分析填列。

企业的净利润及其分配情况作为所有者权益变动的组成部分，不需要单独设置利润分配表列示。

（3）各项目内容的填列方法

所有者权益变动表各项目内容和填列方法如表 7-18 所示。

表 7-18　所有者权益变动表各项目的内容和填列方法

项目	具体内容	填列方法
上年年末余额	反映企业上年资产负债表中实收资本(或股本)、资本公积、库存股、盈余公积、未分配利润的年末余额	直接列入
会计政策变更	反映采用追溯调整法处理的会计政策变更的累积影响金额	企业应当在上期期末所有者权益余额的基础上进行调整得出本期期初所有者权益，根据“盈余公积”“利润分配”“以前年度损益调整”等科目的发生额分析填列
前期差错更正	采用追溯重述法处理的会计差错更正的累积影响金额	
净利润	反映企业当年实现的净利润(或净亏损)金额	—
直接计入所有者权益的利得和损失	反映企业当年直接计入所有者权益的利得和损失金额	—
所有者投入和减少资本	反映企业当年所有者投入的资本和减少的资本	—
“利润分配”下各项目	反映当年对所有者(或股东)分配的利润(或股利)金额和按照规定提取的盈余公积金额	—
“所有者权益内部结转”下各项目	反映不影响所有者权益总额、所有者权益的各组成部分当期的增减变动	—

7.4.3 所有者权益变动表的编制演练

演练 7-4：某企业 2015 年度有关会计账户如表 7-19～表 7-21 所示。

表 7-19　有关会计账户

股本		资本公积	
	期初余额 13 000 000		期初余额 845 000
	期末余额 13 000 000		期末余额 845 000

表 7-20 有关会计账户

盈余公积		利润分配—提取法定盈余公积	
	期初余额 236 000		
	提取法定盈余公积 15 350	提取法定盈余公积 15 350	转入未分配利润 15 350
	提取任意盈余公积 7 400		
	期末余额 253 350	期末余额 0	

表 7-21 有关会计账户

利润分配—提取任意盈余公积		利润分配—未分配利润	
提取任意盈余公积 7 400	转入未分配利润 7 400	转入提取盈余公积 22 750	期初余额 355 700 转入本年利润 153 500
期末余额 0			期末余额 509 200

根据以上各权益类账户的本期发生额，编制该企业 2015 年度的所有者权益变动表如表 7-22 所示。

表 7-22 所有者权益变动表

编制单位： 年度 单位：元

项目	本年金额						上年金额
	实收资本（或股本）	资本公积	减：库存股	盈余公积	未分配利润	所有者权益合计	（略）
一、上年年末余额	13 000 000	845 000	0	236 000	355 700	14 436 700	
加：会计政策变更							
前期差错更正							
二、本年年初余额	13 000 000	845 000	0	236 000	355 700	14 436 700	
三、本年增减变动金额（减少以“—”号填列）							
（一）净利润	0	0	0	0	153 500	153 500	
（二）直接计入所有者权益的利得和损失							
1. 可供出售金融资产公允价值变动净额							
2. 权益法下被投资单位其他所有者权益变动的影响							
3. 与计入所有者权益项目相关的所得税影响							
4. 其他							
上述（一）与（二）小计	0	0	0	0	153 500	153 500	
（三）所有者投入和减少资本							
1. 所有者投入资本							
2. 股份支付计入所有者权益的金额							
3. 其他	0	0	0	0	0	0	

续表

项目	本年金额						上年金额
	实收资本（或股本）	资本公积	减：库存股	盈余公积	未分配利润	所有者权益合计	（略）
（四）利润分配							
1. 提取盈余公积				22 750	－22 750	0	
2. 对所有者（或股东）的分配							
3. 其他							
（五）所有者权益内部结转							
1. 资本公积转增资本（或股本）							
2. 盈余公积转增资本（或股本）							
3. 盈余公积弥补亏损							
4. 其他							
四、本年年末余额	13 000 000	845 000	0	253 350	509 200	14 607 505	

7.4.4 所有者权益变动表的稽核方法

所有者权益变动表的稽核方法主要包括表 7-23 所示的两种。

表 7-23 所有者权益变动表的稽核方法

稽核方法	具体说明
利用所有者权益变动表内部项目的勾稽关系检查	◆ 如本年金额和上年金额的所有者权益合计等于左侧前 5 项的合计；最后一行本年年末余额等于以上各行的合计
利用所有者权益变动表和其他财务报表的勾稽关系检查	◆ 如所有者权益变动表中所有者权益合计等于同时期资产负债表中资产总计减去负债总计

7.5 企业财务报表附注的披露与稽核

7.5.1 财务报表附注的披露内容

财务报表附注是对资产负债表、利润表、现金流量表和所有者权益变动表等报表中列示项目的文字描述或明细资料，以及对未能在这些报表中列示项目的说明等。附注是对财务报表的补充说明，是财务会计报告体系的重要组成部分。

财务报表附注披露内容如表 7-24 所示。

表 7-24 财务报表附注披露内容

内容	具体说明
企业的基本信息	◆ 企业注册地、组织形式和总部地址 ◆ 企业的业务性质和主要经营活动 ◆ 母公司以及集团最终母公司的名称 ◆ 财务报告的批准报出者和财务报告批准报出日

续表

内容	具体说明
财务报表的编制基础	◆主要是指企业是否符合持续经营的前提要求，如果不符合持续经营，应该进行相应的解释说明，披露无法持续经营的原因
遵循企业会计准则的声明	◆企业应当声明编制的财务报表符合企业会计准则的要求，真实、完整地反映了企业的财务状况、经营成果和现金流量等有关信息
重要会计政策和会计估计	◆企业应当披露采用的重要会计政策和会计估计，不重要的会计政策和会计估计可以不披露。在披露重要会计政策和会计估计时，应当披露重要会计政策的确定依据和财务报表项目的计量基础，以及会计估计中所采用的关键假设和不确定因素
会计政策和会计估计变更以及差错更正的说明	◆企业应当按照《企业会计准则第 28 号——会计政策、会计估计变更和差错更正》及其应用指南的规定，披露会计政策和会计估计变更以及差错更正的有关情况
报表重要项目的说明	◆企业应当以文字和数字描述相结合、尽可能以列表形式披露报表重要项目的构成或当期增减变动情况，并且报表重要项目的明细金额合计，应当与报表项目金额相衔接。在披露顺序上，一般应当按照资产负债表、利润表、现金流量表、所有者权益变动表的顺序及其项目列示的顺序进行
其他需要说明的重要事项	◆主要包括或有和承诺事项、资产负债表日后非调整事项、关联方关系及其交易等，具体的披露要求须遵循相关准则的规定，分别参见相关章节的内容

7.5.2 财务报表附注的稽核方法

财务报表附注的稽核方法主要包括以下四个方面内容。

（1）会计政策、会计估计变更和会计差错更正的识别认定

① 会计政策、会计估计变更和会计差错更正的识别方法。会计政策、会计估计变更和会计差错更正的识别方法包括图 7-8 所示的四方面内容。

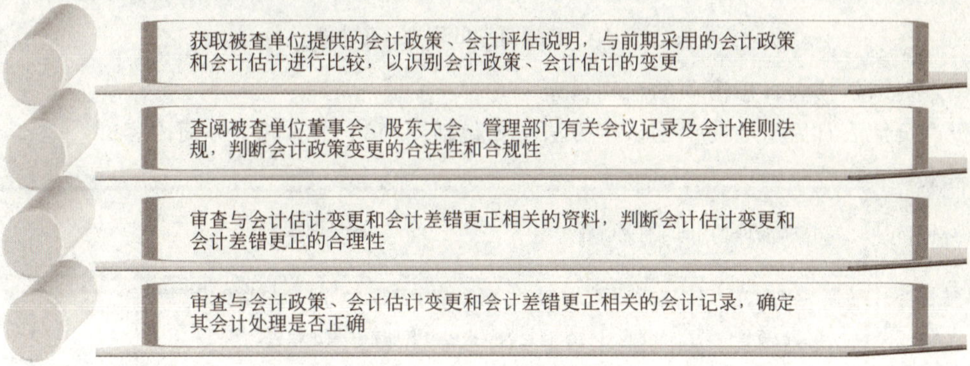

图 7-8 会计政策、会计估计变更和会计差错更正的识别认定方法

② 会计政策、会计估计变更和会计差错更正的认定。会计政策、会计估计变更和会计差错更正的认定说明如图 7-9 所示。

（2）或有事项的识别认定

或有事项是指依据会计谨慎性原则由企业过去的交易或事项形成的，其结果须由某些未来事项的发生或不发生才能决定的不确定事项。或有事项主要包括：已贴现商业承兑汇票形成的或有负债；未决诉讼、仲裁所形成的或有负债；或为其他单位提供债务担保形成的或有负债及产品质量保证（含产品安全保证）、亏损合同、重组义务、承诺、环境污染等。

或有事项的识别认定方法主要包括图 7-10 所示的三方面内容。

认定说明1

会计政策变更一般采用追溯调整法，若会计政策变更的累计影响数不能合理确定，则应采用未来适用法；对会计估计变更采用未来适用法，不调整以前年度财务报表；对会计差错更正，应当区分不同的发生时间予以不同的会计处理方式等

认定说明2

会计政策变更时，应当在财务报表附注中披露会计政策变更的内容和理由，会计政策变更的累计影响数不能合理确定的理由；会计估计变更时，应当在财务报表附注中披露会计估计变更的内容和理由，会计估计差错更正时，应当在财务报表附注中披露重大差错的内容及更正金额

图 7-9　会计政策、会计估计变更和会计差错更正的认定说明

方法1　可以向被查单位管理部门询问其确定、评价与控制或有事项的方针政策

方法2　向被查单位的法律顾问或律师函证有关未决诉讼或未决税款股价方面的资料

方法3　索取被查单位与银行间的往来函件，以查找有关应收账款抵借和对其他债务的担保

图 7-10　或有事项的识别认定方法

（3）资产负债表日后事项的识别认定

资产负债表日后事项的识别认定方法主要包括图 7-11 所示的三方面内容。

方法1　向被查管理部门询问有关信息

方法2　审阅被查单位资产负债表日后编制的内部报表及其他相关管理报告

方法3　审阅被查单位资产负债表日后编制的会计记录和有关会计记录

图 7-11　资产负债表日后事项的识别认定方法

（4）关联方关系及其交易的识别认定

根据我国会计准则，判断关联方关系的标准是：“在企业财务和经营决策中，如一方有能力直接或间接控制、共同控制另一方或对另一方施加重大影响，则视为关联方，如果两方或多方同受一方控制，则也视为关联方。”关联方交易是指在关联方之间发生转移资源或义务的事项，而不论是否收取价款。

审查关联方及其交易的识别认定的要点包括图 7-12 所示的三个方面。

要点1	关联方关系的识别认定
要点2	获取、复核被查单位提供的关联方清单，并实施有关程序，以识别关联方，确定关联方关系的性质
要点3	关联方交易的识别认定

图 7-12 审查关联方及其交易的识别认定的要点

审查关联方及其交易的识别认定的具体方法包括图 7-13 所示的三方面内容。

方法1	查阅有关会计记录，询问有关重大交易的授权情况
方法2	了解被查单位与其主要客户、供应商和债权人、债务人的交易性质与范围
方法3	了解是否存在已发生但未进行会计处理的交易
方法4	查阅会计记录中数额较大、异常的及不经常发生的交易或金额，尤其是资产负债表日前后确认的交易
方法5	审阅有关存款、借款的询证函和贷款函，检查是否存在名为存款或借款，实为关联方购销交易的事项

图 7-13 或有事项的识别认定方法

实账演练——企业 4 种账务处理程序

8.1 记账凭证账务处理程序

8.1.1 记账凭证账务处理程序规范

记账凭证账务处理程序是直接根据各种记账凭证逐笔登记总分类账的一种账务处理程序。这种账务处理程序一般适用于规模较小，经济业务简单的企业。

（1）记账凭证账务处理程序的特点

记账凭证账务处理程序的特点，包括图 8-1 所示的两个方面内容。

特点1

在这种账务处理程序下，现金日记账和银行存款日记账只被用来实时地登记各笔收付款业务，并不作为登记中分类账的依据

特点2

采用记账凭证账务处理程序时，记账凭证一般采用收款凭证、付款凭证和转账凭证专用记账凭证的格式，也可采用通用格式。设置的现金日记账和银行存款日记账一般采用三栏式格式，总分类账也可采用三栏式格式，明细分类账则可根据需要采用三栏式、多栏式和数量金额式

图 8-1　记账凭证账务处理程序的特点

（2）记账凭证账务处理程序的内容

记账凭证账务处理程序的基本内容如图 8-2 所示。

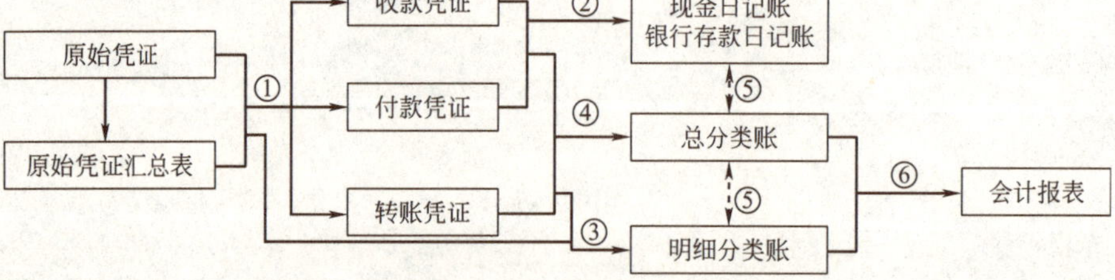

图 8-2　记账凭证账务处理程序的基本内容

图 8-2 的具体说明如下。

① 根据各种原始凭证或原始凭证汇总表填制记账凭证。

② 根据收款凭证和付款凭证逐笔登记现金日记账和银行存款日记账。

③ 根据原始凭证、原始凭证汇总表或记账凭证逐笔登记各种明细分类账。

④ 根据记账凭证逐笔登记总分类账。

⑤ 月末，将现金日记账、银行存款日记账的余额以及各种明细分类账的余额合计数分别与总分类账户中相关账户的余额核对相符。

⑥ 月末，根据总分类账和明细分类账的有关记录编制会计报表。

（3）记账凭证账务处理程序的优缺点分析

采用记账凭证账务处理程序，总分类账能详细反映各类经济业务的发生和完成情况，方便会计核算与查账；但登记总分类账的工作量较大。

8.1.2 记账凭证账务处理程序演练

演练 8-1:

2016 年 1 月 22 日，甲公司收到乙公司银行转账交付前欠货款 35 000 元，甲公司收到乙公司交来的银行付款回单凭证。经审核无误后，会计人员登记汇总原始凭证，并编制收款凭证（表 8-1）如下。

表 8-1 收款凭证

借方科目：银行存款　　　　2016 年 1 月 22 日　　　　银收字第 1 号

摘要	贷方科目		金额										记账
	总账科目	明细科目	千	百	十	万	千	百	十	元	角	分	
收到货款	应收账款	乙企业				3	5	0	0	0	0	0	
合计					¥	3	5	0	0	0	0	0	

会计主管：×××　　记账：×××　　出纳：×××　　审核：×××　　制单：×××

根据该收款凭证和原始凭证登记明细分类账（表 8-2）如下。

表 8-2 明细分类账

总账科目：应收账款　　　　总第 22 页

明细科目：乙企业　　　　分第 1 页

2016 年		凭证号	摘要	借方	贷方	借或贷	余额
月	日						
1	1		期初余额			借	35 000
1	22		收到货款		35 000	借	35 000
			……				
			本月合计				

8.2 汇总记账凭证账务处理程序

8.2.1 汇总记账凭证账务处理程序规范

汇总记账凭证账务处理程序是根据记账凭证定期编制汇总记账凭证，然后根据汇总记账凭证登记总分类账的一种账务处理程序。该种账务处理程序一般适用于规模较大，经济业务较多的企业。

汇总记账凭证也是一种记账凭证，它是根据收款凭证、付款凭证和转账凭证定期汇总编制而成的，其种类可分为汇总收款凭证、汇总付款凭证和汇总转账凭证三种。具体说明如表 8-3 所示。

表 8-3 汇总记账凭证的种类

种类	具体说明
汇总收款凭证	◆ 汇总收款凭证是根据库存现金和银行存款收款凭证汇总编制而成的 ◆ 汇总编制时，汇总收款凭证应按库存现金账户、银行存款账户的借方设置，并按其相对应的贷方账户归类汇总，一般 5 天或 10 天汇总填制一次，每月编制一张。月末，结算出汇总付款凭证的合计数，分别计入库存现金账户、银行存款账户的借方以及与其相对应各个账户的贷方
汇总付款凭证	◆ 汇总付款凭证是根据库存现金存款付款凭证汇总编制而成的 ◆ 汇总编制时，汇总付款凭证应按库存现金账户、银行存款账户的贷方设置，并按其相对应的借方账户归类汇总，一般 5 天或 10 天汇总填制一次，每月编制一张。月末，结算出汇总付款凭证的合计数，分别计入库存现金账户、银行存款账户的贷方以及与其相对应各个账户的借方
汇总转账凭证	◆ 汇总转账凭证是根据转账凭证汇总编制而成的 ◆ 汇总编制时，汇总转账凭证应按除库存现金账户、银行存款账户以外的每一账户的贷方设置，并按其相对应的借方账户归类汇总，一般 5 天或 10 天汇总填制一次，每月编制一张。月末，结算出汇总转账凭证的合计数，分别计入总分类账户中各个应借账户的贷方

(1) 汇总记账凭证账务处理程序的特点

汇总记账凭证账务处理程序的主要特点是根据汇总记账凭证登记总分类账，汇总记账凭证成为登记总分类账的直接根据。

(2) 汇总记账凭证账务处理程序的内容

汇总记账凭证账务处理程序的内容如图 8-3 所示。

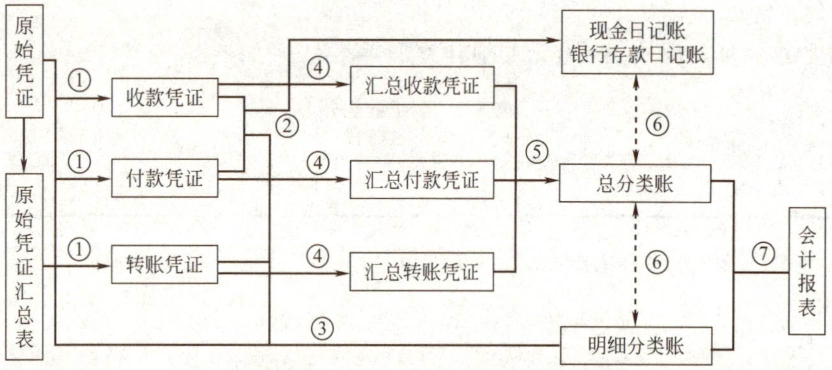

图 8-3 汇总记账凭证账务处理程序的内容

图 8-3 的具体说明如下。

① 根据各种原始凭证或原始凭证汇总表填制收款凭证、付款凭证和转账凭证。

② 根据收款凭证和付款凭证逐笔登记现金日记账和银行存款日记账。

③ 根据原始凭证、原始凭证汇总表或记账凭证逐笔登记各种明细分类账。

④ 根据各种记账凭证定期编制各种汇总记账凭证。

⑤ 根据各种汇总记账凭证登记总分类账。

⑥ 月末，将现金日记账、银行存款日记账的余额以及各种明细分类账的余额合计数分别与总分类账户中的相关账户的余额核对相符。

⑦ 月末，根据总分类账和明细分类账户的有关记录编制会计报表。

（3）汇总记账凭证账务处理程序的优缺点分析

在汇总记账凭证账务处理程序下，利用汇总记账凭证，将许多记账凭证的数据汇总起来，月终一次记入总分类账，可以简化总分类账的登记工作。但是，由于这种账务处理程序的汇总转账凭证是按每一账户的贷方而不是按业务的性质设置、归类、汇总的，因而不利于会计工作的合理分工；而且增加一道填制汇总记账凭证的手续，工作量较大。

8.2.2 汇总记账凭证账务处理程序演练

演练 8-2:

2016 年 1 月份，甲企业会计人员共填制四张收款凭证，具体内容如表 8-4～表 8-7 所示。

表 8-4 收款凭证 1

借方科目：银行存款　　　　2016 年 1 月 2 日　　　　银收字第 1 号

摘要	贷方科目		金额										记账
	总账科目	明细科目	千	百	十	万	千	百	十	元	角	分	
收到货款	应收账款	乙企业				1	5	0	0	0	0	0	
合计					¥	1	5	0	0	0	0	0	

会计主管：×××　　记账：×××　　出纳：×××　　审核：×××　　制单：×××

表 8-5 收款凭证 2

借方科目：银行存款　　　　2016 年 1 月 11 日　　　　银收字第 2 号

摘要	贷方科目		金额										记账
	总账科目	明细科目	千	百	十	万	千	百	十	元	角	分	
收到货款	应收账款	丙企业				2	7	0	0	0	0	0	
合计					¥	2	7	0	0	0	0	0	

会计主管：×××　　记账：×××　　出纳：×××　　审核：×××　　制单：×××

表 8-6　收款凭证 3

借方科目：银行存款　　　　2016 年 1 月 14 日　　　　银收字第 3 号

摘要	贷方科目		金额										记账
	总账科目	明细科目	千	百	十	万	千	百	十	元	角	分	
收到利息	财务费用	丁企业					6	5	0	0	0	0	
合计						¥	6	5	0	0	0	0	

会计主管：×××　　记账：×××　　出纳：×××　　审核：×××　　制单：×××

表 8-7　收款凭证 4

借方科目：银行存款　　　　2016 年 1 月 24 日　　　　银收字第 4 号

摘要	贷方科目		金额										记账
	总账科目	明细科目	千	百	十	万	千	百	十	元	角	分	
收到违约金	其他应收款	乙企业					4	0	0	0	0	0	
合计						¥	4	0	0	0	0	0	

会计主管：×××　　记账：×××　　出纳：×××　　审核：×××　　制单：×××

根据上述四张收款凭证，会计人员填制 2016 年 1 月份汇总记账凭证，具体如表 8-8 所示。

表 8-8　汇总收款凭证

借方科目：银行存款　　　　2016 年 1 月　　　　汇收第 1 号

贷方科目	金额			
	1～10 日收款凭证 第 1 号	11～20 日收款凭证 第 2 号至 3 号	21～31 日收款凭证 第 4 号	合计
应收账款	15 000	27 000	0	42 000
财务费用	0	6 500	0	6 500
其他应收款	0	0	4 000	4 000

8.3 科目汇总表账务处理程序

8.3.1　科目汇总表账务处理程序规范

科目汇总表账务处理程序是根据记账凭证定期编制科目汇总表，然后根据科目汇总表登记总分类账。科目汇总表账务处理程序一般适用于规模较大、经济业务较多的企业。

采用科目汇总表账务处理程序时，其账簿设置、各种账簿的格式以及记账凭证的种类和格式与记账凭证账务处理程序基本相同，但总分类账簿中不必登记“摘要”栏，另外还要增加编制科目汇总表。

（1）科目汇总表账务处理程序的内容

科目汇总表账务处理程序如图 8-4 所示。

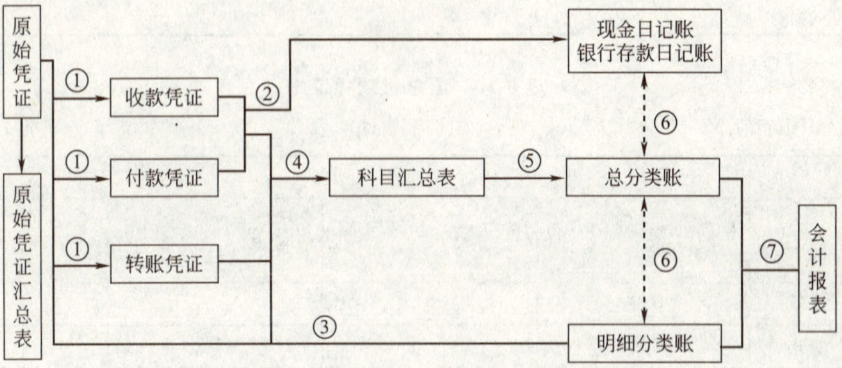

图 8-4 科目汇总表账务处理程序的基本内容

图 8-4 的具体说明如下。

① 根据各种原始凭证或原始凭证汇总表填制收款凭证、付款凭证和转账凭证。

② 根据收款凭证和付款凭证逐笔登记现金日记账和银行存款日记账。

③ 根据原始凭证、原始凭证汇总表或记账凭证逐笔登记各种明细分类账。

④ 根据各种记账凭证定期汇总编制科目汇总表。

⑤ 根据科目汇总表登记总分类账。

⑥ 月末，将现金日记账、银行存款日记账的余额以及各种明细分类账的余额合计数分别与总分类账户中相关账户的余额核对相符。

⑦ 月末，根据总分类账和明细分类账的有关记录编制会计报表。

（2）科目汇总表账务处理程序的优缺点分析

采用科目汇总表账务处理程序，利用科目汇总表登记总分类账，可以简化总分类账的登记工作；另外，通过编制科目汇总表，可以进行试算平衡，便于及时发现差错，从而保证会计工作质量。但是，由于这种账务处理程序在科目汇总表和总分类账中不能反映各账户的对应关系，因此，不利于对经济活动进行分析和检查。

8.3.2 科目汇总表账务处理程序演练

演练 8-3:

2016 年 2 月，甲企业会计人员所有汇总记账凭证如表 8-9～表 8-12 所示。

表 8-9　汇总收款凭证

借方科目：银行存款　　2016 年 2 月　　汇收第 1 号

贷方科目	金额			
	1～10 日收款凭证 第 1 号至 3 号	11～20 日收款凭证 第 4 号至 5 号	21～31 日收款凭证 第 6 号至 7 号	合计
应收账款	30 000	22 000	0	52 000
财务费用	8 000	0	0	8 000
其他应收款	0	0	7 500	7 500
主营业务收入	40 000	32 000	36 000	108 000

表 8-10　汇总付款凭证 1

贷方科目：银行存款　　2016 年 2 月　　汇付第 1 号

借方科目	金额			
	1～10 日付款凭证 第 1 号至 3 号	11～20 日付款凭证 第 4 号至 5 号	21～31 日付款凭证 第 6 号至 7 号	合计
预付账款	70 000	0	0	70 000
制造费用	11 000	17 000	9 000	37 000
管理费用	7 000	9 000	12 000	28 000
长期待摊费用	6 200	5 700	4 300	16 200
实收资本	0	0	30 000	30 000

表 8-11　汇总付款凭证 2

贷方科目：现金　　2016 年 2 月　　汇付第 1 号

借方科目	金额			
	1～10 日付款凭证 第 1 号至 2 号	11～20 日付款凭证 第 3 号至 4 号	21～31 日付款凭证 第 5 号至 6 号	合计
应付职工薪酬	62 000	800	0	62 800
原材料	12 000	0	0	12 000

表 8-12　汇总转账凭证

贷方科目：原材料　　2016 年 2 月　　汇转第 1 号

借方科目	金额			
	1～10 日转账凭证 第 1 号至 2 号	11～20 日转账凭证 第 3 号至 4 号	21～31 日转账凭证 第 5 号至 6 号	合计
生产成本	22 000	18 000	35 000	75 000
制造费用	3 700	0	0	3 700
管理费用	0	0	6 000	6 000

根据以上汇总记账凭证，编制甲企业 2 月份科目汇总表，如表 8-13 所示。

表 8-13 科目汇总表

2016 年 2 月 1 日到 2 月 28 日 科收第 2 号

科目名称	借方	贷方	备注
现金	0	74 800	
银行存款	175 500	181 200	
应收账款		52 000	
实收资本	30 000		
原材料	12 000	84 700	
其他应收款		7 500	
应付职工薪酬	62 800		
生产成本	75 000		
制造费用	40 700		
管理费用	34 000		
主营业务收入		108 000	
财务费用		8 000	
预付账款	70 000		
长期待摊费用	16 200		
合计	516 200	516 200	

8.4 多栏式日记账账务处理程序

8.4.1 多栏式日记账账务处理程序规范

多栏式日记账账务处理程序是根据收款凭证、付款凭证登记多栏式现金日记账和多栏式银行存款日记账，并据以登记总分类账。对于转账业务，可以根据转账凭证逐笔登记总分类账，也可以根据转账凭证编制转账凭证科目汇总表，据以登记总分类账。这种账务处理程序只适用于企业规模虽大、业务虽多但所用会计科目较少的企业。

（1）多栏式日记账账务处理程序的内容

多栏式日记账账务处理程序的内容如图 8-5 所示。

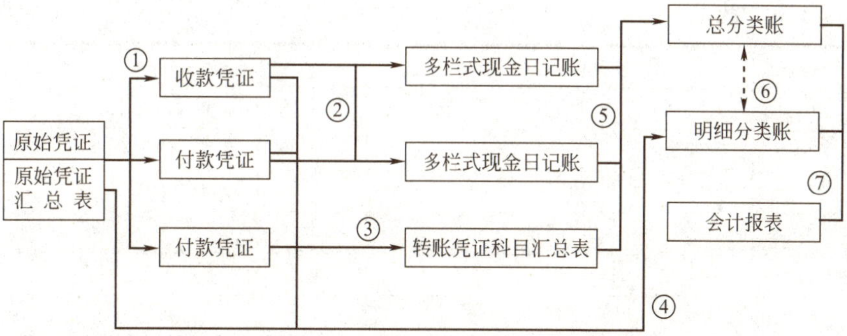

图 8-5 多栏式日记账账务处理程序的内容

图 8-5 的具体说明如下。

① 根据各种原始凭证或原始凭证汇总表填制记账凭证。

② 根据收、付款凭证登记多栏式现金和银行存款日记账。

③ 根据转账凭证定期汇总填制转账凭证科目汇总表。

④ 根据原始凭证、原始凭证汇总表或记账凭证逐笔登记各种明细分类账。

⑤ 月终，根据多栏式日记账和转账凭证科目汇总表（或转账凭证），登记总分类账。

⑥ 月终，将各种明细分类账的余额合计数分别与总分类账中相关账户的余额核对相符。

⑦ 根据总分类账和明细分类账的有关记录编制会计报表。

（2）多栏式日记账账务处理程序的优缺点分析

在多栏式日记账账务处理程序下，利用多栏式日记账和转账凭证科目汇总表登记总分类账，可以简化总分类账的登记工作。但是，多栏式日记账的登记与三栏式日记账的登记相比较，工作量大。如果企业经济业务繁杂，则必然会造成日记账专栏栏目过多，账页庞大，不便于登记。

8.4.2 多栏式日记账账务处理程序演练

演练 8-4:

2016 年 2 月 1 日～10 日，甲企业所有的记账凭证如表 8-14～表 8-18 所示。

表 8-14 收款凭证

借方科目：银行存款　　　　2016 年 2 月 2 日　　　　银收字第 1 号

摘要	贷方科目		金额										记账
	总账科目	明细科目	千	百	十	万	千	百	十	元	角	分	
收到货款	应收账款	乙企业				3	5	0	0	0	0	0	
合计					¥	3	5	0	0	0	0	0	

会计主管：×××　记账：×××　出纳：×××　审核：×××　制单：×××

表 8-15 付款凭证 1

贷方科目：银行存款　　　　2016 年 2 月 1 日　　　　银付字第 1 号

摘要	借方科目		金额										记账
	总账科目	明细科目	千	百	十	万	千	百	十	元	角	分	
提现	现金						5	0	0	0	0	0	
合计						¥	5	0	0	0	0	0	

会计主管：×××　记账：×××　出纳：×××　审核：×××　制单：×××

表 8-16 付款凭证 2

贷方科目：现金　　　　2016 年 2 月 5 日　　　　现付字第 1 号

摘要	借方科目		金额										记账
	总账科目	明细科目	千	百	十	万	千	百	十	元	角	分	
1月份工资	应付职工薪酬	工资				3	4	0	0	0	0	0	
合计					¥	3	4	0	0	0	0	0	

会计主管：××× 记账：××× 出纳：××× 审核：××× 制单：×××

表 8-17 付款凭证 3

贷方科目：现金　　　　2016 年 2 月 6 日　　　　现付字第 2 号

摘要	借方科目		金额										记账
	总账科目	明细科目	千	百	十	万	千	百	十	元	角	分	
王某报销差旅费	管理费用	差旅费					1	2	0	0	0	0	
合计						¥	1	2	0	0	0	0	

会计主管：××× 记账：××× 出纳：××× 审核：××× 制单：×××

表 8-18 付款凭证 4

贷方科目：银行存款　　　　2016 年 2 月 7 日　　　　银付字第 1 号

摘要	借方科目		金额										记账
	总账科目	明细科目	千	百	十	万	千	百	十	元	角	分	
代垫运杂费	应收账款	丙企业					3	0	0	0	0	0	
合计						¥	3	0	0	0	0	0	

会计主管：××× 记账：××× 出纳：××× 审核：××× 制单：×××

根据上述记账凭证，甲企业编制多栏式现金日记账和银行存款日记账如表 8-19、表 8-20 所示。

表 8-19　现金日记账（多栏式）

2016 年		凭证号	摘要	收入			付出					余额
				借方科目			贷方科目					
月	日			银行存款	其他应收款	合计	银行存款	应付职工薪酬	其他应收款	管理费用	合计	
2	1	1	提现	5 000		5 000						65 000
2	5	1	1 月份工资					34 000			34 000	31 000
2	6	2	王某报销差旅费							1 200	1 200	29 800

表 8-20　银行存款日记账（多栏式）

2016 年		凭证号	摘要	收入			付出					余额
				贷方科目			借方科目					
月	日			现金	应收账款	合计	现金	管理费用	其他应收款	应收账款	合计	
2	2	1	收到货款		35 000	35 000						195 000
2	7	1	代垫运杂费							3 000	3 000	192 000

Chapter 09

第 9 章

实账演练——业务稽核以及年报公示

9.1 财会业务稽核

9.1.1 货币资金常见错弊与防范实操

(1) 货币资金常见错弊

货币资金是指企业的经营资金在周转过程中暂时停留在货币形态上的那部分资金。货币资金按其形态和用途的不同可分为现金、银行存款和其他货币资金。

现金业务中常见的错弊形式如表 9-1 所示。

表 9-1 现金业务中常见的错弊形式

错弊形式		具体说明
贪污现金	少列现金收入总额或多列现金支出总额	◆出纳人员故意将现金日记账收入或支出的合计数加错，少列收入或多列支出，从而导致企业现金日记账账面余额减少，贪污多余的现金
	涂改凭证金额	◆会计人员涂改发票或收据上的金额
	使用空白发票收据向客户开票或隐瞒收入	◆出纳人员收到现金后，用自己的空白发票或者收据开给客户，或不开具收据或发票，也不入账，将这部分收入据为己有
	换用“现金”和“银行存款”科目	◆根据规定，对超过 1 000 元的收支业务，应通过银行转账方式进行结算。但在实际工作中，存在超过此数额的现金收支业务，会计人员将收入的现金不计入现金账，而计入银行存款科目，从而将现金据为己有
	头尾不一致	◆经办人员在复写纸下放置废纸，使现金存根的金额与实际收支金额不一致，以贪污现金
	虚列凭证，虚构内容	◆虚列支出，如工资、补贴等，将报销的现金据为己有
挪用现金	利用现金日记账	◆利用尚未登记总账之机，虚列现金日记账的金额，以挪用资金
	延迟入账	◆按照规定，企业收入的现金应及时入账，并及时送存银行，如果收入的现金未及时入账，就给了出纳人员挪用的机会
	循环入账	◆会计人员在收到一笔应收账款后，暂不入账，将资金挪作他用，待下一笔应收账款收现后，抵补上一笔应收账款，如此循环入账
	白条抵库	◆部分人员利用职务便利，利用白条抵库，挪用现金

银行存款业务中，常见的错弊形式如表 9-2 所示。

表 9-2　银行存款业务中常见的错弊形式

错弊形式	具体解释
制造余额差错	◆ 会计人员故意算错银行存款日记账的余额，来掩饰挪用公款等行为
擅自提现	◆ 会计人员私自签发现金支票后，提取现金，不留存根，不记账，将现金占为己有
公款私存	◆ 将公款转入自己的银行户头，从而侵吞利息或挪用单位资金
转账套现	◆ 会计人员或有关人员通过外单位的银行账户为其套取现金
涂改银行对账单	◆ 涂改银行对账单的发生额，从而掩饰从银行存款日记账中套取现金
支票套物	◆ 会计人员利用工作之便擅自签发支票套购商品，不留存根，不记账，将商品据为己有
提银留现	◆ 会计人员在用现金支票提出现金时，只登记银行存款日记账，不登记现金日记账，从而将取出的现金占为己有
存款漏账	◆ 会计人员故意漏记银行存款收入，伺机转出从而据为己有
重复存款	◆ 会计人员利用支付款项时取得的银行结算凭证和有关的付款原始凭证，分别登记银行存款日记账，使一笔业务两次报账，再采取提现不入账的做法，将款项占为己有
套取利息	◆ 企业的贷款利息，按照规定应在递减存款利息后，计入财务费用。月终结转利息时，如果只计贷款利息不计存款利息，银行存款日记账余额就会小于实际，然后提出这部分利息款项不入日记账，余额就自动平衡，这部分款项也就被贪污了

其他货币资金业务常见的错弊形式，如图 9-1 所示。

- 非法开设外埠存款账户
- 外埠存款支出不合理、不合法
- 非法转让或贪污银行汇票
- 企业发生外币业务时，汇率、折合的计算不合规定
- 汇兑损益的会计处理不合规、不合理

图 9-1　其他货币资金常见的错弊形式

（2）货币资金错弊防范方法

现金业务错弊防范方法如表 9-3 所示。

表 9-3　现金业务错弊防范方法表

防范方法	具体说明
了解并评价现金内部控制制度	◆ 检查现金制度是否建立并严格执行 ◆ 确定现金内控制度的可信赖程度及存在的薄弱环节和失控点，然后据以确定审计程序
抽取并审查收付款凭证	◆ 审查凭证在签发单位名称、地址、接受单位名称、签发日期、内容摘要等方面是否齐备，若有疑点应进一步查证 ◆ 审查凭证的数量、单价、金额、合计等方面有无漏洞，大小写是否相符 ◆ 审查凭证所反映的经济业务是否真实，有无弄虚作假、营私舞弊 ◆ 抽取部分现金业务收入凭证与每日银行送款单回单联、现金日记账记录对照表比较，从日期和金额上可以判断现金业务收入是否及时入账、及时送存银行 ◆ 审查部分收回货款业务的现金收入凭证与相关的应收账款明细账的付款人单位名称、金额、日期等记录是否相符

续表

防范方法	具体说明
核对法	◆ 认真核对现金明细账与总账的金额是否相符，如不相符，应查明原因，并做出记录或适当调整
监督盘点法	◆ 盘点时被审计单位财会负责人、出纳人员和至少两名审计人员要始终在盘点现场，相互监督，防止出现违规操作 ◆ 采取突击盘点方式，即事先不通知出纳员，以防止其盘点前采取措施掩盖弊端 ◆ 采取同时全面盘点方式，即审计人员要求出纳员将现金全部放入保险柜暂作封存，并使出纳员确定别处没有存放现金及箱中现金是否都为其单位所有，同时，盘点的时间应安排在营业前或营业后，避免现金收支的高峰时间 ◆ 采取出纳员盘点、稽核人员监督的方式

银行存款业务错弊的防范方法包括图 9-2 所示的五点内容。

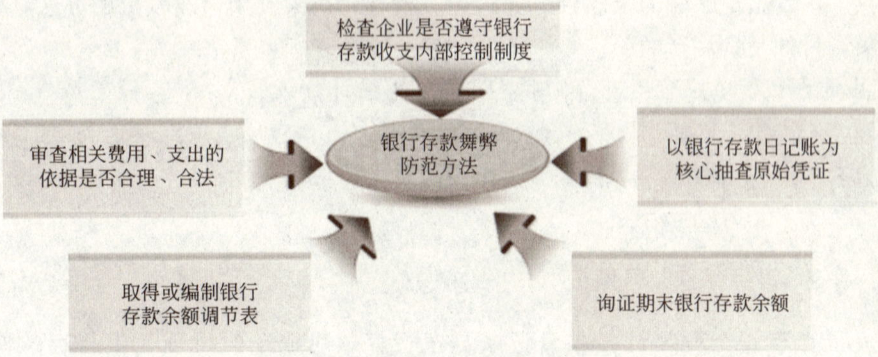

图 9-2 银行存款业务错弊的防范方法

其他货币资金业务错弊的防范方法如表 9-4 所示。

表 9-4 其他货币资金错弊的防范方法

防范方法	具体说明
外埠存款查证方法	◆ 稽核人员应运用详查法，审查以外埠存款购进的全部商品、材料和其他物品，看其有无超出采购存款的佣金 ◆ 审查“其他货币资金——外埠存款”明细账余额，查明其有无长期挂账现象，若外埠存款占用时间长，应进一步分析查证其有无挪用资金或者不及时办理结算的问题
银行汇票、本票存款查证方法	◆ 审查银行汇票申请书，查明被查单位与收款单位有无业务往来 ◆ 审查购销合同规定的结算方式是否为采用银行汇票结算 ◆ 在分析使用汇票结算合理性基础上，审查“其他货币资金——银行汇票存款”明细账，审查其是否及时办理结算，有无长期挂账而挪用汇票存款或侵占行为 ◆ 核对银行存款和银行对账单，审查其款项是否与银行对账单一致，如果不一致，应分析是否为未达账项，否则，应查明是否收到无效或过期汇票 ◆ 银行本票存款与银行汇票存款的查证基本相同
在途货币资金业务查证方法	◆ 审查“其他货币资金——在途货币资金”明细账，分析其入账时间及占用时间，若发现占用时间较长，则作为疑点，进一步审查 ◆ 调阅凭证，追踪调查付款单位，并在此基础上审查银行对账单，查明有关已收款未转账或收款的银行存款已转出的情况 ◆ 若付款单位已付款，在银行存款日记账和对账单未作任何反映，应审查付款单位付出款项时填写的收款单位有无差错，银行收款有无错误，若上述无误，则应对在途货币资金的经办人进行调查，查明其有无贪污或其他违法活动

（3）货币资金稽核演练

演练 9-1：现金业务稽核

稽核人员查阅单位采购员胡某 2016 年 2 月出差时的旅馆住宿发票，其房间单价为 170 元，人数 1 人，时间为 20 天，金额 3 400 元。发现发票金额模糊不清，怀疑有涂改迹象。对此展开如下调查。

① 跟踪调查：根据上述示范所述疑点，查账人员开始审查原始凭证，审查原始凭证有无领导签字、字迹是否清楚、金额有无涂改，笔体是否一致等。

② 发现问题：稽核人员对以上内容审查分析，发现单价 170 元和 3 400 元中的数字都很不规范，墨迹比其他数字浓重，大写金额中的壹和叁，字体与其他字有所不同。查账人员又用函证法请当地审计机关帮助调查发票存根情况，对方回函证明单价为 70 元，金额为 1 400 元，并提供了该发票记账联的复印件。通过审查发现，胡某利用涂改发票的办法，扩大了原始凭证金额，目的是贪污金额。

③ 调账处理：该单位应当进行调账，并做如下会计分录。

借：库存现金	2 000	
贷：其他应收款		2 000

演练 9-2：银行存款业务稽核

稽核人员在审查企业银行存款日记账与银行存款对账单时发现，银行存款调整后余额与对账单余额调整后相等，但未达账项的每项数额不一致，其中 2016 年 12 月 29 日 546＃凭证（转支 546）金额为 13 781 元，对账单的支票 546 金额为 10 781 元，银行存款日记账 12 月 29 日 48＃凭证存入现金 3 000 元，但在对账单上没有反映。对上述情况展开如下调查。

① 跟踪调查：稽核人员首先调阅了 48＃凭证，其分录如下。

借：银行存款	3 000	
贷：库存现金		3 000

审查原始凭证时，发现“现金送存簿”没有加盖“现金收讫”字样，即没有把现金交到银行。调出 546＃凭证，其分录如下。

借：材料采购	13 781	
贷：银行存款		13 781

稽核人员复核采购发票，其金额为 10 781 元，由此得出以下结论。

② 发现问题：企业出纳人员利用虚存虚报的手法，人为制造银行日记账相对相符，利用会计核算不仔细，达到贪污现金的目的。

③ 调账处理：该单位收到退回的赃款时，如存入银行，应做如下分录调整。

借：银行存款	3 000	
贷：材料采购		3 000

演练 9-3：其他货币资金业务稽核

2015 年 12 月稽核人员在对企业资产负债表中“物资采购”账户进行审查时，发现 4 月 3 日 5 号凭证借方余额 80 000 元，到查账日尚未转“库存商品”。对“货币资金”项目进行进一步审查，发现一笔 4 月 5 日开出的银行汇票（记在 7 号凭证上）80 000 万元。4 月 18 日 16 号凭证结清，付出金额 80 000 元。

两个 80 000 元是同一批商品还是两批不同的商品，对此查账人员首先调阅 5 号凭证，其分录如下。

借：物资采购——东方公司	80 000	
贷：银行存款		80 000

所附原始凭证为电汇凭证，无东方公司发票。收款单位为东方公司。

其次调阅 7 号凭证，其分录如下。

借：其他货币资金——银行汇票存款	80 000	
贷：银行存款		80 000

所附原始凭证为银行汇票申请书，收款单位为东方公司。调阅 16 号凭证，其分录如下。

借：物资采购——东方公司	80 000	
贷：其他货币资金——银行汇票存款		80 000

根据上述情况，稽核人员展开如下调查。

① 跟踪调查：经稽核人员分析，被查企业购进的是同一批商品，为什么付两次款，并且数额一致，决定追踪调查。审计人员通过电话了解到东方公司仅收到 4 月 3 日的电汇，尚未收到银行汇票存款。与银行对账单核对后，发现银行汇票款已背书转到长城公司。与长城公司取得联系后，长城公司证实该汇票是由东方公司王某背书转让给长城公司。查询付款单位财务部，证实电汇款和银行汇票均由付款单位会计林某办理。

② 发现问题：原来林某因业务关系同东方公司会计王某合谋，将汇入的电汇款项作为货款，将汇票转让给长城公司，从中牟取私利 20 000 元。

③ 调账处理：此类问题查证后，应根据其具体形态做出账务调整。对于上述问题，该企业会计人员应作如下账务处理。

责令林某退回汇票款 80 000 元，同时没收王某的非法所得 20 000 元，其调账会计分录如下。

收到退回的银行汇票款时：

借：银行存款	100 000	
贷：物资采购		100 000

没收非法所得：

借：库存现金	20 000	
贷：营业外收入		20 000

9.1.2 应付工资常见错弊与防范实操

应付工资是指企业为获得职工提供的服务而给与各种形式的报酬以及相关支出。

（1）应付工资常见的错弊形式

在实务中，应付工资常见的错弊主要有表 9-5 所示的四种形式。

表 9-5 应付工资的错弊形式

	具体说明
冒领工资	◆ 有些企业或企业的下属部门，采用虚报考勤和虚报加班工时等方式，多领工资；或者有关人员利用工作的便利，多报人名，贪污款项
应付工资计算不准确	◆ 不应该列入工资的有关款项列入了工资；考勤不准；有关人员故意贪污
应付工资在发放过程中管理不严	◆ 按照应发工资数向银行提取现金时，提取过多；对未能领取的工资处理不当，使不法分子有机可乘。例如将未发完的现金交给出纳员保管，但没有作为“其他应付款”入账
混淆工资列支的范围	◆ 应付工资包括奖金、工资、津贴，但是不包括在工资总额内支付给员工的医药卫生费、福利人员工资、职工困难补助等

（2）应付工资错弊的防范方法

为了增强查找应付工资错弊的准确性，提高查证的工作效率，稽核人员可以从表 9-6 所示的四个方面进行审查。

表 9-6 应付工资错弊防范方法

防范内容	具体方法
冒领工资错弊防范	◆ 察看企业的原始考勤记录，再通过原始工时记录，察看根据企业工作人员的实际出勤记录汇总表，上报的“考勤报表”，以及“工资计算明细表”，看二者是否一致 ◆ 察看企业职工工资的领发手续是否合规、合理，若“工资计算明细表”中领款人签章栏目中，没有本人签章，或一人代多人签章，则显然说明手续不完备，或有冒领可能
工资计算不准确错弊防范	◆ 采用顺查法和审阅法，按照现行会计的账务处理程序审阅工时记录、考勤记录、工资结算单、工资费用表和相关记账凭证的记录 ◆ 在审阅工资费用明细分类账、相关记账凭证、原始凭证的过程中，可采用核对法，对企业的工时记录和工资表的应付工资实际金额，与企业工资分配表中各项目的数额，进行核对，看其实际工时记录是否与工资结算单一致 ◆ 采用试验法察看企业工资费用分配数据，用以与企业账面应付工资金额进行核对。如发现企业存在与工资费用的分配金额不一致的项目或疑点时，再进一步核实相关账户记录的工资费用和企业实际工资数额差额的全部真实情况，进而查明出现差额的原因
工资发放过程中的错弊防范	◆ 应将从银行支取的应付工资，尽量在当天内发放完毕。如遇特殊原因，导致在今后工作日发放的，应将未发完金额作为“其他应付款”入账
混淆工资列支的错弊防范	◆ 在检查应付工资金额时，应检查金额的组成，是否有不该包含的项目

（3）应付工资的稽核演练

演练 9-4:

稽核人员在审查企业“应付职工薪酬”账户时，发现 5 月 15 日 28＃凭证摘要为现金支付职工生活困难补助，稽核人员认定此为错弊现象。

稽核人员调阅相关账册，发现如下会计分录。

借：应付职工薪酬　　　　3 000
　　贷：库存现金　　　　　　3 000

稽核人员查问会计人员时，发现是因为业务不熟练造成的错误。职工生活困难补助不应计入“应付职工薪酬”项目。会计人员做出如下分录调整。

借：管理费用——职工生活困难补助　　　　3 000
　　贷：应付职工薪酬　　　　　　3 000

9.1.3 利润分配常见错弊与防范实操

利润分配，是将企业实现的净利润，按照国家财务制度规定的分配形式和分配顺序，在国家、企业和投资者之间进行的分配。

（1）利润分配的错弊形式

利润分配常见的错弊形式主要包括利润分配顺序舞弊、利润分配标准舞弊和亏损弥补会计舞弊三大类，具体说明如表 9-7 所示。

表 9-7　利润分配常见的错弊形式

错弊形式	具体说明
顺序舞弊	◆ 有些企业采取优先提取法定公积金，然后向股东分配利润，然后用税后利润弥补亏损的分配顺序。这样将导致企业在亏损越来越大时，仍在大肆提取法定公积金和任意公积金，将企业的资金流进私人腰包，或进行不合理的企业设施建设等
标准舞弊	◆ 有些企业私自提高计提比率，擅自改动其计提基数，造成利润分配不合规、不真实 ◆ 有的企业在法定盈余公积已超过资本总额的 50%之后，仍旧提取法定盈余公积 ◆ 有的企业在不应分配股利的情况下出于某种目的，向投资者发放股利，或发放比例高于 6%
亏损弥补会计舞弊	◆ 该用税后利润或法定盈余公积弥补的年度亏损却用税前利润弥补了，从而少缴纳所得税，或者企业亏损不予弥补，虚拟利润，一旦承包期满承包人卸职后，才发现企业已经亏空

（2）利润分配错弊防范方法

根据上表所述利润分配错弊形式，我们总结了三种防范方法，具体说明如图 9-3 所示。

（3）利润分配的稽核演练

演练 9-5:

稽核人员在审阅某食品生产企业 2016 年的“利润分配”账户时，发现该企业 2016 年发生滞纳金 2 000 元，提取盈余公积 7 800 元，提取公益金 7 800 元，分配投资者利润 40 000 元，最后剩余未分配利润 38 000 元。稽核人员不能肯定上述利润分配是否符合规定程序，需要查证。

① 跟踪调查：首先稽核人员调阅了该企业 2016 年总账，发现该企业共计转出净利润 12 万元；然后，从“利润分配”明细账中查知提取盈余公积金和公益金的会计凭证号为452＃，调阅该凭证，摘要表明：盈余公积金＝78 000×10%＝7 800 元；公益金＝78 000×10%＝7 800 元，做出如下会计分录。

防范方法	具体说明
审核分配顺序	◎ 正确的分配顺序为：按照税法规定弥补以前年度亏损→缴纳所得税→弥补在税前利润弥补亏损之后仍存在的亏损→提取法定公积金→提取任意公积金→向股东分配利润
审核分配标准	◎ 稽核人员应审阅利润分配的会计凭证中所反映的分配基数和计提比率，并将其与有关规定进行核对 ◎ 提取法定盈余公积时，还应看其是否已达到注册资金的50% ◎ 对于在当年无利润的情况下放股利的股份有限公司，还应核对其分配股利之后的企业法定盈余公积是否低于注册资金的25% ◎ 结合被查单位有关具体情况，审核其上报的利润分配比率是否适合企业实际概况、特点，从而查清问题
审核亏损弥补	◎ 查证此类舞弊，稽核人员应审阅从亏损发生年度到本年的盈利及补亏资料，以分析当年的用税前利润补亏是否合理；了解用利润弥补亏损的期限及该企业的实际情况；检查有无不弥补亏损现象

图 9-3　利润分配错弊防范方法

借：利润分配——提取盈余公积　　7 800
　　　　　　——提取公益金　　7 800
　贷：盈余公积——法定盈余公积　　7 800
　　　　　　——公益金　　7 800

② 发现问题：企业本年净利润为 12 万元，按规定程序，该企业应在支付滞纳金后提取盈余公积公益金：(120 000－2 000)×10％＝11 800 元。而实际上，该企业在分配投资者利润后才提取盈余公积和公益金：(120 000－2 000－40 000)×10％＝7 800 元。稽核人员就上述问题询问了相关会计人员，确证属于错账。

③ 调账处理：该笔错账可作如下调整。

借：利润分配——未分配利润　　8 000
　贷：盈余公积——法定盈余公积　　4 000
　　　　　　——公益金　　4 000

9.1.4　生产成本常见错弊与防范实操

生产成本指企业为生产产品或提供劳务而发生的各项生产费用，包括各项直接支出和制造费用。

(1) 生产成本常见的错弊形式

在实际业务处理过程中，生产成本常出现的舞弊形式主要有表 9-8 所示的六种。

表 9-8 生产成本的舞弊现象一览表

舞弊形式	具体说明
将基本建设领用材料，计入产品生产成本	◆ 如企业为调节基建工程成本和产品生产成本，通过人为多计或少计辅助生产费用的错误方法，达到其不法目的。如某生产企业将自营建造工程领用的材料，直接列入“直接材料费”，作“借：生产成本，贷：材料”账务处理
将福利费开支计入成本项目	◆ 有些企业违反成本、费用开支的范围，将应由福利费开支的费用列支成本项目、加大成本、减少利润。如企业将福利部门人员的工资，列入成本项目“直接人工费”，作“借：生产成本，贷：应付职工薪酬”的账务处理
修理费用，重复计入生产成本	◆ 有些企业为控制利润实现数额，将车间固定资产修理费用重复计入生产成本
虚列费用，调节成本	◆ 有些企业为了调节产品成本和当年利润，故意将不应计入本账户的费用计入本账户或者将应计入本账户的费用转移计入其他账户
期间费用与生产成本核算管理混乱	◆ 有些企业为了调节当年利润，将发生的费用计入生产成本；或将应计入生产成本的费用计入期间费用
随意改变结转产品销售成本的方法	◆ 有些企业为了调节当年损益需要，在年度中间随意改变既定的计价方法。如某企业将存货的发出计价方法随意变更；或将先进先出法变更为后进先出法

（2）生产成本错弊防范方法

针对上述生产成本的错弊情况，我们制定了相应的防范方法，具体说明如图 9-4 所示。

将不属于产品成本负担的费用支出列入成本项目的假账	◎ 审阅生产成本中基本生产成本和辅助生产成本明细账，看各明细账记录的各项费用内容和数额是否有异常现象 ◎ 审阅企业在建工程、应付职工薪酬、固定资产等明细账 ◎ 根据记录并结合实物资产进行业务内容分析，从支出内容和支出水平的大小、波动上找出疑点，再进一步查证成本明细账，调阅会计凭证和原始资料，查出问题
将不属于本期产品负担的费用支出列入本期成本项目的假账	◎ 审阅生产成本明细账，察看记录的材料费用是否有数额过大或过小情况。如有数额过大或过小的情况，应进行追踪审查 ◎ 调查核实虚增、虚减直接材料费用的数额，进一步确定影响损益的金额
对于虚增、虚减生产成本的假账	◎ 根据直接材料费、直接人工费核算各种基础资料，如领退料单、材料分配表、工资计算表，对生产成本明细账进行审查，并与有关其他明细分类账进行核对，找出虚增、虚减生产成本的情况
将对外投资支出记入生产成本、费用项目的假账	◎ 稽核人员可查阅生产成本的直接材料消耗明细账，发现问题后，直接调阅有关记账凭证，审查领料单，分析领料单位、材料品种和用途，核实舞弊问题
将应属成本开支的费用列入其他支出中的假账	◎ 稽核人员可查阅其他有关支出项目，如在建工程、固定资产、应付职工薪酬等，对疑点问题，查阅有关记账凭证、原始凭证和有关业务核算的原始资料，进而核实舞弊问题
改变生产费用分配方法和利用定额成本调节利润	◎ 询问企业生产费用分析采用何种方法，再审阅基本生产费用在完工产品和在产品之间进行分配所采用的方法是否一致

图 9-4 生产成本舞弊防范方法

(3) 生产成本的审计演练

演练 9-6:

某企业进行财务稽核，稽核人员发现 2016 年 8 月份生产成本高于平时水平，怀疑存在错弊现象。

查账人员审查“生产成本”账目，发现“直接材料费”项目下有如下会计分录。

借：生产成本	16 000	
贷：材料		16 000

调阅原始凭证，得知该批材料为水泥，并非该企业生产过程所需。经与会计人员确认，此项为错账，会计人员误将企业自营建造工程领用的材料计入了生产成本。

会计分录调整如下。

借：在建工程	16 000	
贷：生产成本		16 000

9.1.5 期间费用常见错弊与防范实操

期间费用是指企业本期发生的、不能直接或者间接归入营业成本，而直接计入当期损益的各项费用，它包括直接从企业的当期产品销售收入中扣除的销售费用、管理费用和财务费用。

(1) 期间费用常见的错弊形式

期间费用常见的错弊，主要包括图 9-5 所示的六种形式。

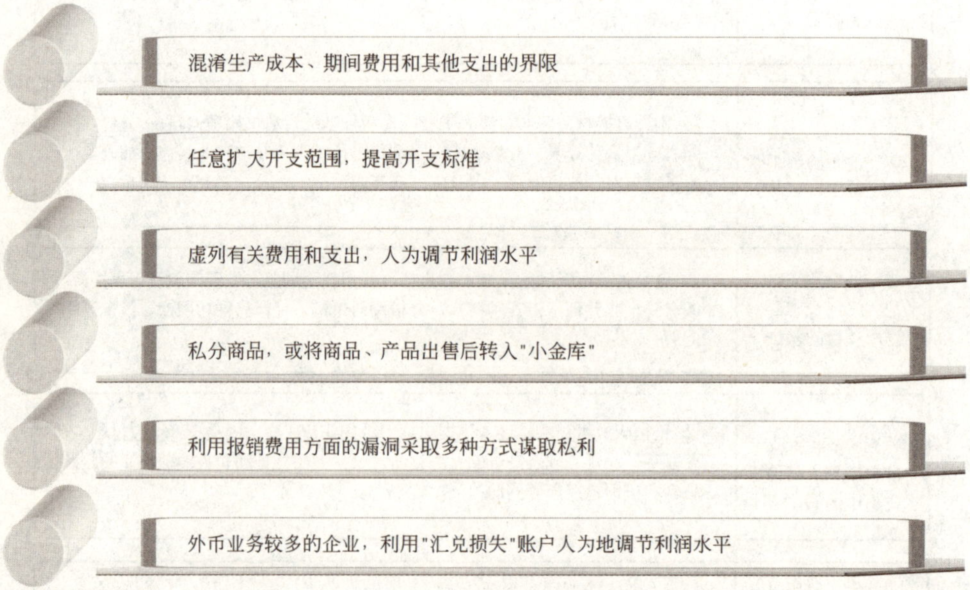

图 9-5　期间费用常见的错弊形式

(2) 期间费用错弊的防范方法

针对期间费用的常见错弊形式，我们应加强对期间费用重点内容的审查工作，具体如表 9-9 所示。

表 9-9 期间费用错弊的防范方法

期间费用	审查内容	审查方法
管理费用	无形资产	◆无形资产的估价是否真实、合理 ◆无形资产摊销期限是否合理，注意查明无形资产仍可长期使用而其价值已全部摊销，或无形资产的使用期限已到，而其价值尚未摊销完毕的情况 ◆有无将无形资产摊销列入固定资产折旧的错误处理
	土地使用费	◆根据有关规定，核实列支的土地使用费是否真实、正确 ◆有无将上年度或下年度的土地使用费列作当年费用 ◆对未办理土地使用证书或虽已办理，但当年未支付土地使用费，应查明其是否按规定预提了土地使用费，并计入当年损益
	职工教育经费	◆主要是审查是否按规定提取，计算是否正确，有无被挪作他用等情况
	技术转让费	◆是否与技术出让方签订了技术转让合同，合同内容及其附件和手续是否完备、合理，重点审查技术转让费标准是否合理 ◆当期支付技术转让费的时间、方式、金额等是否与合同的规定标准相一致，接受转让的技术是否达到了规定的要求 ◆按合同规定当年应支付的技术转让费是否已全部支付，未按期支付的，在年终会计结算前，是否将差额部分预提转出，计入当年损益 ◆有无将专有技术及专利摊销数列入技术转让费中
	研究开发费	◆是否将应由管理费用列支的各项研究开发费用计入生产成本、制造费用等有关项目，可通过对企业单位产品成本的异常变动进行追查而发现舞弊 ◆审查是否将新产品试制失败及其他有关费用，当做资产损失列入营业外支出 ◆对研究开发过程中的剩余材料等，未从管理费用扣减，而将其作为其他收入，或转入"小金库"，可通过核实资产予以查清
	坏账损失	◆计提坏账准备金的应收账款余额的真实性正确性及是否按规定比例提取 ◆是否确实发生了坏账损失，冲减坏账准备金是否有事实依据 ◆企业在年末是否根据应收账款余额调整坏账准备金账面金额 ◆企业已确认并转销的坏账损失，以后又实际收回时，是否及时入账，并冲减管理费用或坏账准备
	业务招待费	◆审查是否严格按照财务制度规定的比例计算列支业务招待费，有无多列支的情况，如有超过，应查明原因，并在确定应纳税所得额时调整 ◆审查企业当期所列的业务招待费的支出标准和范围是否符合有关规定 ◆审查所列支的业务招待费支出是否与企业业务经营有关，若发现存在与业务经营无关的支出，应查明其用途，并做处理
销售费用	运输费、装卸费、包装费	◆开支范围的合规性，金额的真实、准确性 ◆对发生额较大和接近年终发生的各项费用，应审查明细账及会计凭证，查明受益的产品当年度是否已实现销售；有无将未实现销售的产品发生的这些费用，提前计入当年损益等
	展览费和广告费	◆审查其真实性和合理性，以防企业以此名义，掩饰不正当的开支 ◆查明列支的展览费和广告费是否确属当年费用，有无违反权责发生制，将上年度或下年度费用列作当年费用的现象等
	设置销售机构的费用	◆其费用开支是否真实、合理、合规 ◆是否划清了与其他费用的界限

续表

期间费用	审查内容	审查方法
财务费用	利息支出	◆ 企业当年列支的利息支出是否确实属于当年损益应负担的利息支出，有无将应由上年度或基建项目承担的利息支出列入当年损益 ◆ 利息支出列支范围是否合规，注意审查各种不同性质的利息支出的处理是否正确。一般而言，企业流动负债的应计利息支出计入财务费用；企业长期负债的应计利息支出，筹建期间的计入开办费，生产经营期间的计入财务费用，清算期间的计入清算损益；与购建固定资产或无形资产有关的在其竣工之前的且符合资本化条件的利息支出，计入购建资产价值；企业的罚款违约金列入营业外支出 ◆ 审查存款利息收入是否抵减了利息支出，计算是否正确，特别应注意升降幅度较大的月份，分析其原因
	汇兑损失	◆ 审查企业列支的汇兑损益是否确已发生，即计算汇兑损益的外币债权、债务是否确实收回或偿还，调剂出售的外汇是否确已实现 ◆ 审查汇兑损益计算的正确性，计算方法的前后一致性 ◆ 审查有无将不同数量的外币之间的记账本位币差额当成汇兑损益的现象 ◆ 审查企业经营初期发生的汇兑损益，尤其是外汇调剂、汇兑损失应查明发生的具体时间，有无为了延续减免税期，而人为地将筹建期间发生的汇兑损失计入生产经营期间汇兑损失的行为
	手续费	◆ 主要审查各种手续费的真实性、合法性、合理性及计算的正确性 ◆ 检查有无将应列入其他费用项目的或者应在前期、下期列支的手续费计入当期财务费用

（3）期间费用的稽核演练

下面我们以“销售费用”为例，向读者介绍期间费用的稽核演练。

演练 9-7:

审计人员在对企业进行内审时，发现公司 9 月份共发生费用 200 000 元，其中：销售人员薪酬 100 000 元，销售部专用办公设备折旧费 30 000 元，业务费 70 000 元（均用银行存款支付）。会计人员却作了如下会计处理。

借：销售费用	130 000	
贷：应付职工薪酬		100 000
累计折旧		30 000
借：管理费用	70 000	
贷：银行存款		70 000

稽核人员觉得上述账务处理可能存在问题，进行如下调查。

① 发现问题：稽核人员在审查该企业销售费用账目时，发现将销售业务费用计入了管理费用。稽核人员觉得可疑，就向会计人员进行询问，会计人员供认不讳，说财务经理授意让其少转销售费用，调节企业利润，进行避税。

② 调账处理：对于上述问题，稽核人员令会计人员将前边 2 张凭证作废，并作如下账务处理：

借：销售费用	200 000	
贷：应付职工薪酬		100 000
累计折旧		30 000
银行存款		70 000

9.2 年报公示制度

年报公示制度是企业按年度在规定的期限内，通过市场主体信用信息公示系统向工商行政管理机关报送年度报告，并向社会公示。

企业年报公示制度的前身是“企业年检制度”。根据我国工商总局的通知要求，自 2014 年 3 月 1 日起正式停止企业年检工作。同时，根据《注册资本登记制度改革方案》的相关规定，将企业年检制度改为企业年度报告公示制度。至此，我国持续了 20 多年的企业年检制度将成为历史。

9.2.1 年报与年检的比较

新的年度报告公示制度与年度检验制度相比，主要有表 9-10 所示的区别。

表 9-10 年度报告公示制度与年度检验制度的区别

制度 区别事项	年度报告公示制度	年度检验制度
申报地点	有网络即可，可在企业完成	所在地管辖工商局
申报资料	网络上填写	纸质资料，资产负债表、利润表等
申报时间	暂未通知	每年的 3 月 1 日至 6 月 30 日
检查内容	取消对企业注册资金情况的审验	检查内容主要是：注册资金情况的审验、资产负债表以及注册地点等
检查方式	抽查	统查
审查结果	通过审查：在营业执照副本加盖“通过”不通过审查：整改、罚款等	信誉良好：降低抽检率 不按规定时间公示：载入异常名录 3 年内不公示：拉入“黑名单”

9.2.2 年报报告公示内容

企业年度报告的主要内容包括：公司股东（发起人）缴纳出资情况、资产状况等，企业对年度报告的真实性、合法性负责，任何单位和个人均可查询。

同时，工商机关可以对企业年度报告公示内容进行抽查。经检查发现企业年度报告隐瞒真实情况、弄虚作假的，工商行政管理机关依法予以处罚，并将企业法定代表人、负责人等信息通报公安、财政、海关、税务等有关部门，形成“一处违法，处处受限”。

9.2.3 年度报告期限说明

企业应在规定的期限内进行年报，对企业未按规定期限公示年度报告的，工商行政管理机关在市场主体信用信息公示系统上将其载入经营异常名录，提醒其履行年度报告公示义务。企业在三年内履行年度报告公示义务的，可以向工商行政管理机关申请恢复正常记载状态；超过三年未履行的，工商行政管理机关将其永久载入经营异常名录，不得恢复正常记载状态，并列入严重违法企业“黑名单”。